KB169733

한국한자연구소
한자총서 01

키워드한자

24개
한자로 읽는
동양문화

(하)

하영삼

도서출판 3

키워드 한자

24개 한자로

읽는 동양문화

(하)

하영삼

HK+ 한국한자연구소
HK+ 한자총서 01

키워드 한자: 24개 한자로 읽는 동양문화 (하)

저자 하영삼
표지 디자인 김소연
펴낸곳 도서출판3
인쇄 호성 P&P

초판 1쇄 인쇄 2020년 12월 24일
초판 1쇄 발행 2020년 12월 31일

등록번호 제2018-000017호
전화 070-7737-6738
전자우편 3publication@gmail.com

ISBN: 979-11-87746-44-7 (93710)

This work was supported by the Ministry of Education of the Republic of Korea and the National Research Foundation of Korea (NRF-2018S1A6A3A02043693)

동양의 문화를 읽는 핵심 키워드 24개 한자, 이 24개 한자의 어원과 의미변천과정, 서양과의 비교를 통해 그 배후에 담긴 문화적 의미를 풀어, 동양문화의 근원의식을 파헤치다.

24개 한자로

읽는 동양문화

(하)

머리말

24개 한자로 파헤치는 동양문화의 근원,
미래 사회의 지혜는 어디서 오는가?

이 책은 한자를 기반으로 형성 발전해 온 동양문명을 24개의 씨앗글자, 즉 24개의 키워드 한자를 통해 이들 문명의 특징과 가치를 해석하고자 기획된 책입니다.

아시다시피 인류 문명의 중요한 한 축을 담당해 온 동아시아는 한자를 토대로 발전해온 문명입니다. 인류가 지혜를 체계적으로 축적하여 만물의 영장이 된 것은 말과 문자의 사용이 절대적인 역할을 했습니다. 특히 문자는 음성언어가 갖는 시간적 공간적 한계를 뛰어넘어 인류의 지혜를 기록 전달하고 후세에 전수함으로써 인류의 지혜를 비약적으로 발전하게 하였다는 점에서 '말'에 버금가는 위대한 발명품입니다. 문자를 가진 문명이 말만 가진 문명보다 발전한 문명인 것은 문자가 그만큼 중요하기 때문입니다.

중국을 비롯해 메소포타미아, 이집트, 마야 문명 등 세계의 4대 기원문명은 일찍부터 문자를 갖고 있었습니다. 이들 문명의 초기 문자들은 모두 해당 개념을 구체적 이미지로 그려낸 상형문자로부터 출발했습니다. 이후 더 다양하고 복잡한 개념들을 표현하기 위해 단순한 상형에서 의미를 조합하고 추상화한 회의문자로 변해갔습니다. 그러나 그것도 상당한 한계를 가졌던 만큼 음성부호를 더하여 의미와 독음이 결합한 형성문자를 만들어냈습니다. 독음과 의미는 문자가 가지는 근본적인 속성입니다.

그러나 무슨 이유에서인지 서구에서는 의미를 포기하고 독음부호만 남겨 음성문자인 알파벳 문자로 변했습니다. 하지만 한자는 의미와 독음, 이두 가지를 다 보존하는 방식으로 발전했습니다. 문자 속에 든 의미를 끝내 버리지 않았던 것입니다. 이러한 특징 때문에 한자를 표의문자라고 하지만 사실은 의미와 독음이 결합한 '표의-표음문자'라고 할 수 있습니다. 현존하는 한자의 94% 정도를 차지하는 형성자가 이를 반증해 줍니다. 여하튼 한자는 서구문명을 상징하는 알파벳 문자들과는 달리 자형 속에 의미를 담고 있습니다. 그래서 자형의 분석을 통해 그것이 표현하고자 했던 원래 의도와 의미를 쉽게 찾을 수가 있습니다. 이것이 한자의 가장 큰 특징입니다.

한자의 자형은 중국 문명의 역사처럼 오랜 세월을 거치면서 많이 변화했습니다. 갑골문만 해도 이미 3천년 이상의 역사를 갖고 있습니다. 자형도 변화했지만, 그것의 의미도 확장과 변형과 융합을 거치면서 새로운 의미를 끊임없이 만들어 왔습니다. 그래서 한자의 변화를 잘 살피면 한자를 사용한 사람들의 사고방식과 특징도 발견할 수 있습니다. 특히 오래된 한자일수록 초기 단계의 시원적 사유를 잘 담고 있습니다. 한자를 분석하면서 갑골문과 같은 초기 단계의 글자를 살펴야만 하는 이유가 여기에 있습니다. 아울러 그것이 어떤 식으로 문명의 발전과 함께 의미를 확장해 나가는지도 잘 살펴야만 합니다.

예컨대, 좋아하다는 뜻의 '호(好)'는 '어미가 아이를 안고 있는 모습'을 그려 자식을 사랑하는 모정을 사랑의 출발이라 생각했고, 사랑하다는 뜻의

'애(愛)'는 '머리를 돌려 다른 사람을 살피는 마음'을 그려 남을 돌아보고 배려하는 이타적 사랑을 출발점으로 삼았습니다. 또 예절을 뜻하는 '예(禮)'는 '신에게 제사 드리는 모습'을 그려 신을 경배하는 그런 경건한 마음이, 상대를 존중하는 마음이 예절의 근본임을 나타냈습니다. 그런가 하면 뒤늦게 등장한 글자긴 하지만 독을 뜻하는 '독(毒)'은 '화려하게 화장하고 성장을 한 여성'을 그려 여성에 대한 부정적 인식을 담기도 했습니다. 또 충성을 뜻하는 '충(忠)'은 원래는 윗사람이 아랫사람에게 가져야 하는 정직한 마음이었는데, 세월 지나면서 아랫사람이 윗사람에게 복종해야 하는 태도로 변신하기도 했습니다. 이렇듯 그냥 알았던 한자 하나하나에는 해당 개념을 창의적으로 표현한 지혜로운 상상이 들어 있고, 이를 통해 그 속에 스며있는 인식의 틀과 변화과정도 확인할 수 있습니다.

문자의 발전도 다른 모든 것의 발전과 마찬가지로, 그것이 사용되는 사용자와 사용 환경의 영향 속에서 변하기 마련입니다. 이런 의미에서 한자의 배후에는 이를 사용해온 사용자들의 문화적 배경이 깊게 녹아 있습니다. 이것이 한자가 중국 문명의 근원을 파헤치는데 가장 직접적인 도구의 하나가 되는 까닭입니다. 이렇게 만들어진 한자는 다른 한편으로 의미를 강하게 가진 문자체계이기에 이를 사용하는 사람들로 하여금 그들의 관념과 인식에 영향을 주고 사고에 지배력을 발휘한 것도 사실입니다.

예컨대, 공부를 뜻하는 '학습(學習)'은 '산가지나 문자의 전신인 새끼매듭 지우는 방법을 배우는 모습'의 '학(學)'과 어린 새가 날기 위해 끊임없이 날갯짓을 반복하는 모습을 그린 '습(習)'이 결합한 단어입니다. 이 단어를 보면서 한자를 사용하는 사람들은 공부라는 것이 '구체적인 지식의 학습과 무한 반복'임을 부지불식간에 각인하게 됩니다. 혹자는 맹목적이며 창의성이 결여된 동양인들의 공부 방식의 이유를 여기서 찾기도 합니다. 또 사람의 머리를 크게 키워 그려놓고 정수리를 뜻하는 '천(天)'이 하늘이라는 뜻으로 확장되어 쓰이는 것을 보면서 사람들은 '하늘'을 언제나 '사람'과 연계된 것임을 자연스레 생각하게 되었을 것입니다. 이것이 동양사회에 보편적으로 존재하는 '천인관계론'의 소박한 출발이라 생각합니다.

이렇듯 한자에는 해당 한자의 인식과 표현 방법, 개념의 변화 과정, 그의 사용으로 인한 영향과 인식의 고착화 등, 다양한 모습이 녹아 있습니다. 그리고 의미를 간직한 자형을 통해 이렇듯 쉽게 확인할 수 있는 다양한 정보는 다른 문명의 알파벳 문자가 절대 가질 수 없는 부분입니다. 게다가 3천년 이전의 갑골문을 보면 그들이 사물을, 개념을, 세상을 인식하고 그려냈던 갖가지 창의력에 놀라지 않을 수 없습니다.

예컨대, '사사로움'을 어떻게 표현했을까요? '아름다움'은 어떻게 그려냈을까요? 또 '이미'와 '곧'이라는 시간적 개념은 무엇으로 표현했을까요? '정의로움'이란? '진리'는? '선'과 '악'은? '변화'는? '옳음'은? 보고 접할 수 있는 사물이나 일은 그래도 쉬울 수 있겠지만, 이런 추상적이고도 고도의 철학적인 개념을 하나의 구체적 이미지로 그려낸다는 것은 여간 어려운 일이 아닙니다. 그런데도 3천 년 전의 한자는 이를 상상 이상으로 멋지게 창의적으로 그려내고 있습니다.

한번 볼까요? 둥근 원을 그려 '사사로움'을 그렸는데, 원을 그리기 전에는 안과 밖의 구분이 없었는데, 원을 그리게 되면 경계가 나누어지고 내외의 구분이 생겨 안과 밖, 우리와 남의 차별이 생기게 됩니다. 그것이 '사사로움'의 출발이며, 이를 그린 글자가 '사(厶)'입니다. 재물 앞에서 약해지는 게 사람이던가요? 물욕을 떨쳐버리지 못하는 게 인간의 근본적인 한계임은 쉽게 상상이 갑니다. 곡식이 재산이던 농경사회에서 곡식을 뜻하는 '화(禾)'를 더해 의미를 더욱 구체화한 것이 사사롭다는 뜻의 '사(私)'입니다. 이러한 사사로움을 파괴해서 경계자체를 없애 버리는 것, 그것이 공정하다는 뜻의 '공(公)'자입니다. '사(私)'의 원래 글자인 '사(厶)'에 더해진 '팔(八)'이 둘로 나누다는 뜻이기 때문입니다. 그런가 하면 인간의 생존에 최고의 필수 요소인 음식을 먹으려는 모습을 그려놓은 것이 '즉(卽)'이고, 음식을 다 먹고 머리를 홱 돌려놓은 모습이 '기(旣)'입니다. 바로 이로써 '곧'과 '이미'라는 뜻을 그려냈던 것입니다. 그 당시에 어떻게 이런 창의력을 가졌던 것인지 감탄하지 않을 수 없습니다.

이 책에서는 한자문화권의 문명을 해석해 줄 대표 한자 24자를 뽑았습니다. 이들을 동양문명을 대표하는 뿌리이자 핵심 개념이기도 합니다. 저의 전공이 한자 어원연구인지라, 이들 한자의 어원 분석에 공을 많이 쏟았고, 이를 통해 해당 한자에 반영된 문화의식을 해설하고, 이들의 형성과 변화와 확장 과정, 그리고 이 시대를 슬기롭게 살 지혜와 미래를 대비할 자산이 무엇인지를 찾고자 노력했습니다.

이 때문에 이 책이 기획 단계에서 지향했던 목표는 다음의 몇 가지가 있습니다. 첫째, 무엇보다 독보적인 어원 해석을 통해 해당 개념의 원의를 확인해야 한다. 둘째, 그것이 어떤 과정을 거쳐 지금에 이르게 되었으며, 그에 반영된 문화의식은 무엇인가에 주목해야 한다. 셋째, 서양과의 비교를 통해 동양의 특징과 가치를 재조명해야 한다. 넷째, 4차 산업혁명시대를 사는 우리에게 제공할 수 있는 지혜가 될 요소를 찾아야 한다.

이렇게 선정한 24개 한자에 대해 해당 글자의 어원, 의미변천, 반영된 문화의식, 서양과의 공통성과 차별성, 현재적 활용과 미래적 가치 등을 중심으로 기술했습니다. 그리고 관련 자형, 이미지, 그림, 사진 등도 가능한 많이 동원해 이해를 높이고자 하였습니다. 그리고 각 단원의 마지막에는 어원 정리를 따로 해 놓아 참고가 되도록 했습니다.

이러한 구상을 기초로, 한 글자 한 글자 시간 날 때마다 정리해나가야겠다고 생각은 했었는데, 게으른 본성 탓에 차일피일 미루고 실천에 옮기지 못하고 있었습니다. 그런데 2018년 초부터 2019년 말까지 『월간중앙』에 2년 동안 "한자 키워드로 읽는 동양문화"를 연재하게 되면서, 이 책이 모습을 갖추게 되었습니다. 이 자리를 빌려 귀중한 기회를 주선해 준 중국인문경영연구소 유광종 소장과 멋진 편집과 자료 제공은 물론 격려를 아끼지 않은 『월간중앙』의 최경호 부장께 특별히 감사드립니다. 물론 미숙한 해설도, 지나친 비약도, 적잖은 오류도 있을 것입니다. 독자 여러분들의 질정을 기대합니다.

그리고 한 말씀 덧붙이자면, 제가 운영하고 있는 한국한자연구소가 2018년에 한국연구재단의 인문한국플러스(HK+) 사업단으로 선정되었습니다. 오래전부터 품어왔던 한자문화권 즉 한국, 중국, 일본 베트남의 한자 어휘 비교를 통해 동양문명의 근원적 특징을 실증적으로 규명해보고자 하는 바람을 실행할 수 있는 계기를 마련한 것입니다. 현재 4개국의 한자 어휘 비교 데이터베이스를 구축하고 관련 어휘들의 상호 비교는 물론 영어권 개념과의 비교를 통해 동양문명의 정체성과 특성을 찾는 연구가 진행되고 있습니다. 이를 통해 앞으로 어휘를 중심으로 한 새롭고 확장된 문화해석이 이루어질 수 있길 기대합니다.

2020년 11월
하영삼 씁니다

차례

차례

하권

상권

키워드

한자

예(藝): 인간에 의한, 인간을 위한 기술

AI 등장으로 예술의 정의(定義)도, 역사도 바뀌려나

원래 인간 생존을 위해 곡물 심는 기술에서 출발
훗날 '아름다움 표현하는 인간의 활동'으로 정의돼

예(藝)는 인간 생존을 위한 곡물 심는 기술에서 출발해 '아름다움 표현하는 인간의 활동'으로 정의됐다. 서울 서대문구 농업박물관에서 농사 체험을 하고 있는 어린이들.

1. 유어예(游於藝), 예술에 노닐다

도(道)에 뜻을 두며,	지어도(志於道),
덕(德)을 굳게 지키며,	거어덕(據於德),
인(仁)을 떠나지 아니 하며,	의어인(依於仁,),
예(藝) 속에서 노닐었다.	유어예(遊於藝).

『논어·술이』편에 나오는 공자의 말씀이다. 한 평생 살아온 자신의 길을 회고하면서 한 말로 알려져 있다. 공자는 그의 인생을 도(道)와 덕(德)과 인(仁)과 예(藝), 이 네 글자로 압축해 설명했던 것이다.

송나라 때의 주희(朱熹, 1130~1200)는 이를 두고 이렇게 풀이했다. "학문을 할 때에는 무릇 이렇게 해야 한다. 학문에서 가장 먼저 해야 할 것은 뜻을 세우는 것이다. 도(道)에 뜻을 두면 마음이 바른 곳에 머물러 다른 곳으로 가지 않는다. 덕(德)을 굳게 지키면 마음에 도를 얻어 잃지 않게 될 것이다. 항상 인(仁)을 떠나지 아니하면 덕성이 언제나 적용되어 물욕이 설칠 수 없다. 예(藝) 속에 노닐면 작은 것이라도 놓치는 법이 없어 자나 깨나 성장함이 있게 될 것이다."

그의 명성을 대변하듯 뛰어난 해설이 아닐 수 없다. 다만 공자의 회고를 학문의 세상으로 범위를 좁혔다는 혐의를 남겼다는 것은 아쉬운 점이 아닐 수 없다. 그것은 공자가 학문의 길만 두고 한 말은 아닐 것이기 때문이다. 도(道)가 우리가 평생 추구해야할 '진리'라고 본다면 사람이 살면서 해야 할 일, 걸어야 할 길, 그 도(道)에 뜻을 두었다는 말일 것이다. 덕(德)의 어원이 곁눈질 하지 않고 올바른 곳만 보면서 가는 것이어서, 덕이 '정의'를 뜻한다고 한다면, 살면서 곁눈질 하지 않고 유혹에 빠지지 않으며 언제나 바른 곳만 보고 바른길만 걸었다는 말이다. 인(仁)이 사람과의 '관계'를 말하는 것이라면 언제나 사람에 대한 존중과 배려와 사랑을 잊지 않으려 노력했다는 말일 것이다. 예(藝)가 '예술'이라면 언제나 남이 생각하지 않는 생각을 하면서 창의적으로 살려 했고, 음악이나 미술이 상징하듯 남을 위로하고 긍정적인 정서를 찾으려 노력했다는 말일 것이다. 그것이 공작 살아온 삶이자, 걸어온 길이었다.

그중에서도 마지막 유어예(游於藝)는 최고의 경지를 그렸다. 유(游)는 달리 유(遊)로도 쓰는데, 놀다, 여행하다는 뜻이다. 유(游)의 어원을 보면, 水(물 수)가 의미부고 斿(깃발 유)가 소리부로, 물길(水)을 따라 깃발을 달고 단체로 유람함(斿)을 말한다. 원래는 수(水)가 빠진 유(斿)로만 썼는데, 유(斿)를 구성하는 언(㫃)은 옛글자에서 으로 되어 '깃발이 나부끼는 모양'을 그렸다. 그래서 깃발(㫃·언) 아래에 사람(子·자)들이 모여 다니는 모습을 그린 것이 유(斿)이다.

한자에는 이와 유사한 구조로 된 글자들이 많은데, 깃발(㫃) 아래에 사람(人)이 둘 따라가는 모습(从·종, 從의 원래 글자)이 더해지면 려(旅)가 되어, 깃발 아래 모인 '군대'를 뜻하게 된다. 또 깃발(㫃) 아래에 화살을 뜻하는 시(矢)가 더해지면 족(族)이 되어 '깃발 아래 모여 함께 전쟁을 칠 수 있는 집단'인 씨족이나 부족을 뜻한다. 깃발은 이렇듯 여러 상징을 가진다. 그리고 그 깃발에는 씨족이나 부족을 상징하는 토템이 그려졌을 것이고, 이를 통해 공동체적 의식을 확인했을 것이다.

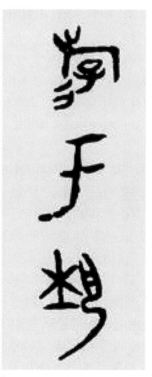

유어예(游於藝). '예술에 노닐다'는 뜻으로 인생 최고의 경지를 상징한다.

여하튼 깃발 아래에 모여 물길을 따라다니다는 뜻을 그린 유(斿)에, 옛날의 여행(군사적 행동을 포함)이 물길을 따라 유람하다는 의미에서 다시 수(水)가 더해져 유(游)가 만들어졌다. 또 어떤 경우에는 다니는 행위를 강조해 辵(쉬엄쉬엄 갈 착)을 더한 유(遊)로 분화하기도 했다. 어(於)는 '~에'라는 장소를 나타내는 어조사로 쓰였는데, 달리 우(于)로도 쓰는데, 옛날에는 독음이나 의미가 모두 같았다. 예(藝)는 예술이라는 뜻이지만 옛날에는 보통 육예(六藝), 즉 옛날 선비들이 반드시 배워야 할 여섯 가지의 일을 뜻하는 것으로 인식되었다.

2. 육예(六藝), 사람이 배워야 할 교양

육예(六藝)는 禮(예: 예법), 樂(악: 음악), 射(사: 활쏘기), 御(어: 마차 운전), 書(서: 글자쓰기), 數(수: 수학)를 가리킨다. 지금의 의미로 푼다면 사람이 살면서 배워야 할 고급 교양 문화 정도가 될 것이다. 이들은 당시의 지배계층으로 살면서 반드시 배우고 갖추어야 할 지식이자 교양이었다.

이를 좀 더 자세히 풀어보면, 예(禮)는 신에게 제사를 드리듯 경건한 마음으로 다른 사람을 대하는 기본 예법이자 매너를 뜻하고, 악(樂)은 자신의 성정을 바르게 하고 사람들과 교유하며 어울리게 해주는 음악을 말할 것이다. 또 사(射)는 활쏘기를 뜻하는데, 오늘날의 사격에 해당한다.

고대 사회에서 활쏘기는 전쟁에서 살아남을 수 있는 무공의 상징이었기에 생존을 위해서도 사람에 관계없이 언제나 단련해야 할 대상이었다. 이후 활쏘기는 심신수양의 상징으로 발전했는데, 그것을 통해 경쟁과 생존의 절박함 속에서도 서로 지켜야 할 예의와 양보와 넘어서는 안 될 금도의 품격을 배울 수 있었기 때문이다. 어(御)는 말 제어 기술이니, 지금으로 치면 자동차 운전 기술 정도가 될 것이다. 당시 최고의 이동 수단이자 전쟁의 유용한 도구가 말이었으니, 말과 전차를 자유자재로 몰 수 있는 기술은 더없이 중요했을 것이다.

　서(書)는 글자나 글쓰기를 말하는데, 글을 읽고 글을 써 남과 소통할 수 있기 위해서는 글자를 배워 익혀야 했다. 그래야만 인류의 축적된 지혜를 계승하고 후대에 남길 수 있었고, 남겨진 정보를 잘 해독하고 가공하여 새로운 지혜로 발전시킬 수 있었다.

┃ 조지프 니덤(Joseph Needham, 1900~1995). 20세기 가장 뛰어난 과
　학사학자로 알려졌다. 그의 『중국의 과학과 문명(*Science and
　Civilization in China*)』은 중국의 과학 문명의 진상을 세계에 알렸으며
　20세기를 대표하는 저작의 하나로 선정되기도 했다.

상상 이상으로 발달했던 고대 중국의 과학

마지막, 수(數)는 셈법을 말하지만 단순한 셈을 뜻하는 것이 아니라 과학을 말한다. 수학으로 대표되는 과학은 논리적으로 또 체계적으로 세상을 이해하게 해주는 능력을 뜻한다. 수학과 과학을 보통 서구의 재산이라고 여기지만, 20세기의 뛰어난 과학사학자였던 조지프 니덤(Joseph Needham, 1900~1995)의 연구에 의하면, 고대 중국의 과학은 상상 이상으로 발달했다고 한다.

수학의 기본이라 할 10진법은 기원전 14세기 갑골문 시대 이전부터, 음수(陰數)는 기원전 2세기에 이미 쓰였다고 한다. 또 기원전 1세기에 나온 『구장산술(九章算術)』이라는 책에서는 1,860,867의 세제곱근을 구하라는 고차방정식 문제가 나오고, 기원전 1세기에는 소수까지 등장했다고 한다. 그리고 3세기가 되면 기하학에서 대수를 사용하기 시작했으며, 같은 시기에 무려 3,072각형을 그려 원주율을 소수점 5자리에 이르는 3.14159까지 구했으며, 11세기에는 파스칼의 삼각형을 만들어 내기도 했다고 한다.(『그림으로 읽는 중국의 과학과 문명』 참조)

놀라지 않을 수 없다. 모두 서구보다 수백 년에서 천수백 년 이상 앞서는 기록들이다. 이외에도 농업, 천문학과 지도 제작, 공학, 공업 기술, 의학, 자기(磁氣), 수송, 음악, 무기 등등에서 우리의 상상을 넘는 일들이 고대 중국에서 일찍부터 벌어지고 있었던 것이다.

3. 서예(書藝) ·서도(書道) ·서법(書法)의 차이

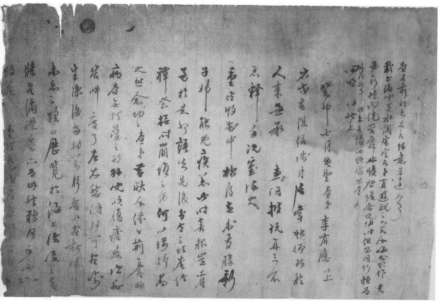

명촌(明村) 신씨(申氏) 두릉댁(杜陵宅) 간찰(簡札). 조선 후기, 18~20세기 초. 조선의 민간에서 쓰였던 일상의 서예 수준을 유감없이 보여준다.

예(禮), 악(樂), 사(射), 어(御), 서(書), 수(數), 이 여섯 가지를 아우른 것이 예(藝)이다. 그래서 예(藝)는 인간의 문화 전체를 일컫는다 해도 과언이 아니다. 그래서 그런지 예(藝)가 들어가는 단어들은 매우 다양한 영역과 연계되었고, 지금까지도 여전히 자주 쓰이고 있다. 예컨대, 공예(工藝), 기예(技藝), 무예(武藝), 곡예(曲藝), 원예(園藝), 농예(農藝), 도예(陶藝), 수예(手藝), 기예(騎藝), 문예(文藝), 기예(棋藝), 서예(書藝) 등이 그렇다.

그중에서도 서예(書藝)는 동양이 낳은 예술 독특한 예술 형식으로, 동양의 자부심이라 해도 지나치지 않을 것이다. 문자를 대상으로 하여 자기의 사상과 감정을 예술적으로 표현하는 서예, 그것은 '점과 선과 획(劃)의 태세(太細)와 장단(長短), 필압(筆壓)의 강약(强弱)과 경중(輕重), 운필의 지속(遲速)과 먹의 농담(濃淡), 문자 상호 간의 비례 균형이 혼연일체가 되어 미묘한 조형미를 이루는 것을 특징으로 하는'(『두산백과』), 동양의 자랑스러운 발명품이다.

서예(書藝)·서도(書道)·서법(書法)의 차이

서예는 중국에서 시작되었지만 그런 매력 때문에 한국과 일본으로, 또 몽골로, 아라비아로, 영어권으로까지 전 세계로 퍼져나갔다. 서예는 한자문화권에서 가장 강력한 예술행위로 남겨지면서, 각국에서 변용된 창조적 명칭을 남기기도 했다. 즉 우리말의 서예(書藝)를 중국에서는 서법(書法), 일본에서는 서도(書道)라 하여, 각기 달리 쓰인다. 다만 베트남어에서는 독립된 단어 없이 '붓으로 글씨를 쓰는 예술(nghệ thuật thư pháp)'로 표현하고 있다.

이는 베트남어의 풀이처럼 '붓으로 글씨를 쓰는 예술'인 '서예'를 바라보는 민족적 문화적 관점의 차이를 반영한 것이리라. 서예(書藝)라고 불렀다는 것은 붓글씨를 인격을 도야하는 종합적인 행위로 보았다 할 것이며, 서법(書法)이라 한 것은 서예를 익히는데 가져야 할 법칙과 규칙을 말하여 학습의 방법을 강조했다 할 것이요, 서도(書道)라 불렀던 것은 붓글씨를 단순히 기예나 예술로 한정하지 않고 하나의 도를 닦는 고차원적 행위로 보았다는 말이다. 중국의 서법(書法)이 지나치게 딱딱하고, 일본의 서도(書道)가 다소 형이상학적이고 철학적이라고 한다면, 한국의 서예(書藝)는 그야말로 자유롭고 낭만적이면서도 창의성을 강조한 것으로 인간적이라 할 것이다.

차(茶)도 중국이 낳은 훌륭한 유산인데, 이에 관한 명칭도 삼국 간에 차이를 보인다. 차는 단순한 음료가 아니라 심신을 단련하고 손님을 접대하는 중요한 도구로 쓰였다. 그래서 차를 마실 때에는 상황과 대상에 걸맞은 절차와 예절이 필요했다. '차를 마시거나 달여 손님을 대접할 때의 예절'을 다도(茶道)라 하는데, 우리나라와 일본, 베트남에서는 모두 다도(茶道: 다도, さどう, trà đạo)라 하지만, 중국에서는 오히려 다예(茶藝, cháyì)라고 하는 점이 이채롭다. 이름 때문인지 한국과 일본은 차 마시는 법이 매우 까다로워 갖추어야 할 것도 많고 지켜야 할 절차와 예절도 많다. 그러나 중국은 그렇지 않다. 번거로운 절차와 예절이 삭제된 생활 그 자체다. 되는대로 있는 대로 편하게 마시는 것이 그들의 일상이다. 지켜야 할 규칙은 있되 한없이 자유롭고 창의적인 '예(藝)'라는 이름이 가져다주는 마법일 것이다. 그러나 최근 들어 중국에서도 다도(茶道)라는 말이 함께 쓰이는 것을 보면 국가 간의 경계도 쉬 무너지는 세상이 된 듯하다.

4. 예(藝)의 어원과 다양한 형체

예(藝)의 각종 서체	甲骨文 金文 簡牘文 說文小篆
한중일의 예(藝)의 모습	藝(한국), 艺(중국), 芸(일본)

그렇다면 예(藝)는 어떻게 만들어진 글자일까? 지금의 자형은 상당히 복잡해 그 어원을 쉬 찾기 어려워 보이지만, 옛날 글자를 보면 매우 형상성이 뛰어난 글자라 쉽게 그 의미를 추측할 수 있다. 특히 갑골문을 보면 무엇을 그렸는지 금방 알 수 있다.

예술은 기술에서 유래했다

보시다시피, 갑골문과 금문에서는 한 사람이 꿇어앉아 두 손으로 어린 묘목(屮·철)이나 나무(木·목)을 감싸 쥔 모습인데, 나무 심는 모습을 대단히 사실적으로 그렸다. 간혹 철(屮)이 木(나무 목)으로 바뀌기도 했지만, 의미에는 영향을 주지 않았다. 이후 土(흙 토)가 더해져 埶(심을 예)로 변했는데, 이는 땅(土)에 나무를 심는다는 것을 강조하기 위함이었다. 이후 다시 초목(草木)을 대표하는 艸(풀 초)가 더해져 예(蓺)가 되었고, 다시 구름을 상형한 운(云: 雲의 원래 글자)이 더해져 지금의 예(藝)가 완성되었다. 구름은 흐림이나 비가 내림을 상징한다.

이런 과정을 거쳐 완성된 예(藝)는 운(云)이 의미부이고 예(埶)가 소리부인 구조가 되어, 구름이 끼거나 흐린 날(云=雲)에 나무를 심다(埶)는 뜻을 담아 '심다'는 의미를 만들어 냈다. 그리고 나무를 심다는 뜻에서 나무 심는 기술의 뜻이 나왔고, 다시 기예(技藝), 공예(工藝), 예술(藝術) 등의 뜻도 나왔다. 예술이 기술에서 나왔음을 보여주는 대목이다.

하지만 현대 중국의 간화자에서는 소리부인 예(埶)를 乙(새 을)로 바꾼 예(艺 yì)로 쓰고, 일본에서는 초(艹)와 운(云)으로 구성된 예(芸 げい)로 쓴다. 그러나 운(芸)의 경우, 한국과 중국에서는 전혀 다른 글자로, '향초 이름 운'이다.

'속임수의 기술'이라는 뜻도 담겨

예술(藝術)은 예(藝)에 술(術)이 더해져 만들어진 단어이다. 술(術)은 行(갈 행)이 의미부고 朮(차조 출)이 소리부로, 『설문해자』에서는 '나라 안의 도로(行)'라고 했다. 그러나 이는 이후에 생긴 파생의미로 보이며, 원래는 길(行)에서 농작물(朮, 秫의 원래 글자)을 사고파는 의미를 그린 것으로 추정된다. 물건을 사고팔 때 쌍방 모두 협상의 '기술'과 '꾀'가 필요했기에 '꾀'나 방법, 전술(戰術), 기술(技術) 등의 뜻이 나왔다. 현대 중국의 간화자에서는 행(行)을 생략한 채 출(朮)에 통합되었다.

이와 비슷한 구조로 된 술(述)을 보면 술(術)의 의미가 더욱 명확해 진다. 술(述)은 辵(쉬엄쉬엄 갈 착)이 의미부고 출(朮)이 소리부로, 길을 다니며(辵) 곡물(朮)을 내다 팔고 떠벌리며 선전함을 말했고, 이로부터 말하다, 기술(記述)하다, 서술(敍述)하다 등의 뜻이 나온 것으로 추정된다. 이는 '팔다'는 뜻의 현(衒)을 보면 더욱 분명해 진다. 현(衒)은 행(行)이 의미부고 玄(검을 현)이 소리부로, 길(行)에서 물건을 '파는' 행위를 말한다. 현(玄)은 달리 言(말씀 언)으로 대체되어 현(誸)으로 쓰기도 하는데, 이는 말(言)로 자랑삼아 남을 '현혹시킴'을 말한다.

그렇다면, 예(藝)가 인간의 생존을 위한 곡물을 심는 기술에서 출발했고, 술(術)은 이를 내다 파는 행위를 상징하는 것이 된다. 그것은 예술(藝術)이라는 것이 출발부터 인간을 위한 것이며, 인간에 도움을 주는 유용한 것이며, 생산적임과 동시에 내다 팔수 있는 경제적인 생산 활동이라는 속성을 기저에 품고 있는 셈이다.

▌ '한·중·일 공용한자 808자'로 장식된 예술의전당 서예박물관 로비. 한국 대표 서예가 808명이 한 자씩 쓴 한자 서예를 설치미술가 최정화씨가 세계로 퍼져 나가는 한자의 힘을 담은 '파문'이라는 작품으로 재해석했다.(사진: 예술의전당 서예박물관)

5. 예술의 진화

그런 의미에서 서구에서 예술을 뜻하는 'art'도 별로 다르지 않다. 'art'는 라틴어 'artem'에서 근원하여 '예술 작품'을 뜻하지만 '실용적 기술, 비즈니스, 공예품' 등의 뜻을 함께 담고 있어, 이 역시 실용적 기술에서 출발하였을 보여주고 있다. 이의 의미 변천을 보면, 1300년경에는 '학문 및 학습 능력/기술'을 뜻하였고, 다시 교양이라는 뜻이 더해졌다. 이후 14세기 후반이 되면 '인간의 솜씨'(자연과는 대조적 의미에서)를 의미하였고, 15세기 후반에는 '특정 행동을 수행하기 위한 규칙과 전통 체계'라는 의미가 더해졌다. 16세기 후반에는 '간교한 속임수의 기술'이라는 뜻이, 1610년대가 되면 '창의적인 예술적 기술'이란 뜻이 더해졌다. 특히 1660년대부터 회화, 조각 등의 작품을 지칭하게 되었다고 한다.(*Online Etymology Dictionary*)

이렇게 본다면, '인간의 생존을 위한 기술'에서 출발한 예술은 인류 사회의 발달과 함께 '아름다움을 표현하는 인간의 활동'으로 정의되게 되었다. 동시에 예술이 인간의 중요한 활동으로 자리 잡으면서 여러 분야를 복합적으로 지칭하게 되었다.

편의상 이를 공간 예술, 시간 예술, 종합 예술 등으로 나누기도 하고, 조형예술(회화, 조소, 건축, 서예, 촬영 등), 공연예술(음악, 무용, 곡예 등), 종합예술(영화, 연극, 오페라 등), 언어예술(시, 산문, 소설 등 문학) 등으로 나누기도 한다. 특히 오늘날에 들어서는 전통적 정의의 예술 영역에 다른 요소들이 더해져 융합된 형식들도 나타나게 되었는데, 과기예술(Technical Art), 디지털예술(Digital Art), 설치예술(Installation Art), 관념예술(Conceptual Art), 행위예술(Performance Art), 생물예술(Bio Art) 등이 그렇다.

그전, 고대 서구인들이 교양예술(liberal arts)이라 불렸던 전통적 의미에서의 예술에 문법, 수사학, 논리학, 산술, 기하학, 천문학, 음악 등이 포함된 것을 보면 고대 중국의 육예(六藝)와 크게 달라 보이지 않는다. 또 실용성을 강조한 기예(mechanical arts)에 식량 제조기술, 직조기술, 건축술, 운송기술, 의술, 교역기술, 전투기술 등을 설정하였다. 이러한 분류에 비하면 지금의 예술은 과거의 고유영역을 초월하고 다른 영역을 연결하여 새로운 모습으로 변신해 왔음을 알 수 있다.

❙ 디지털 아트의 일례(사진: https://cointelegraph.com)

6. 미래의 예술, 인간의 전유물일까?

이처럼 예술은 예(藝)의 어원에서 보듯 인간에게 유용한 과실수나 농작물의 묘목을 인간 거주지로 옮겨 심는 '기술'에서부터 출발했음을 보여주는데, 'art'도 마찬가지였다. 그래서 예술(藝術)은 그 시작부터 인간의 삶과 긴밀하게 연관되었음을 보여준다. 자연 상태의 조야(粗野)함에서 벗어나 자연을 인간에게 유용한 방식으로 변형시키는 기술을 바로 예술(藝術)로 인식했던 것이다.

그러나 인간에 의한 것이고, 인간에게 유용해야 하며, 생활과 관련하여 생산적이고 창의적인 속성을 가졌다고 평가되는 '예술', 과연 이러한 속성으로 예술을 미래의 세계에서도 계속해서 정의할 수 있을 것인가? 과연 인간 행위의 전유물로, 고유 영역으로 남을 수 있을 것인가? 최근 들어 비약적으로 발전하고 있는 인공지능(AI)의 기술은 인간의 고유영역이라 생각되었던 '예술'에서조차 도전장을 내밀었다.

AI의 행위도 예술로 봐야 하나

얼마 전, 인공지능이 그린 초상화가 크리스티 경매에서 거액에 팔렸다. 2018년 10월 말, 크리스티 경매에서 '벨라미가의 에드몽 벨라미'라는 그림이 약 5억 원에 낙찰됐다는 것이다. 이 그림은 프랑스의 예술집단 '오비우스'가 인공지능을 활용해 그린 가상의 남성 초상화인데, 인공지능의 그림이 세계 주요 경매에서 낙찰된 것은 이번이 처음이라고 한다.

프랑스 파리의 청년 3명으로 이뤄진 '오비어스'가 개발한 인공지능 알고리즘이 이 초상화를 그렸는데, '오비우스'의 공동 창립자인 위고 카셀-뒤프레는 14~20세기에 그려진 초상화 1만 5천 점을 인공지능에게 제공했다고 했다. 그림 창작에는 '생산적 적대 신경망'(GANs: 실제 이미지를 활용해 가짜의 이미지를 만들어내는 것)이 활용됐으며, 인공지능은 이 데이터를 학습해

뉴욕 크리스티 경매에서 낙찰된 인공지능(AI)이 그린 초상화 '벨라미가의 에드몽 벨라미'. 당초 예상가의 40배 이상 높은 약 5억 원에 낙찰되어 세상을 놀라게 했다. 오른쪽 하단에 서명 대신 복잡한 수학 공식이 적혀 있어 사람이 아닌 컴퓨터 알고리듬의 산물임을 짐작하게 한다.(AFP=연합뉴스)

초상화의 규칙을 이해한 후 새 이미지를 직접 그려냈다고 한다. 게다가 그림 오른쪽 아래에는 화가의 낙관 대신 수학 공식 같은 것이 적혀 있는데, 이는 이 그림 제작에 쓰인 실제 알고리즘이라고 한다.

이 초상화는 흐릿하고 완성되지 않은 듯한 남성의 이미지를 묘사했는데, 크리스티 측은 "약간 뚱뚱한 신사로 아마도 프랑스인일 것"이라며 "어두운 프록코트와 순백의 컬러로 미뤄볼 때 교회의 남성으로 보인다."라고 설명했다. 이날 '오비우스'는 "흥분되는 순간"이라며 "이러한 신기술이 예술 창작에 미치는 영향에 관한 국제적 대화의 일부가 된 것이 영광스럽다."라고 했다. 그러나 인공지능과 협업해온 상당수 다른 작가들은 이 초상화가 독창적인 작품이 아니라는 견해를 밝혔다고 한다.(중앙일보 이지영 기자 기사 참조) 이를 예술로 볼 것인지, 논란의 여지가 아직 존재하고, 이에 대한 연구와 논의가 활발해 질 것임을 보여 준다.

인간의 고유영역으로 여겨졌던 예술, 예술의 꽃이라 할 '회화'조차도 이제 인공지능에 의해 그려지고, 경매되는 시대가 도래했다. 인공지능의 작품이라지만 이미 인간의 창작과 구분이 어려울 정도의 수준에 도달했다. 어쩌면 훌륭한 창작품으로 인정된 날이 얼마 남지 않은 듯하다. 예술은 인간에 의한 행위라는 정의도, 그 역사도 고쳐져야 할 모양이다.

| 13-1 | 심을 **예** | 藝 | 艺, yì |

甲骨文　金文

簡牘文

說文小篆

　　무엇을 '예술'이라 할까? 사전에서는 "아름답고 높은 경지에 이른 숙련된 기술을 비유적으로 이르는 말"이라 정의하고 있다. 한자의 어원에서도 다르지 않아, '숙련된 기술'에서 출발하였고 이후 '아름답고 높은 경지'를 이루는 추상적 개념으로 발전했다.

　　예술을 뜻하는 藝는 云(이를 운)이 의미부이고 埶(심을 예)가 소리부로, 심다는 뜻인데, 구름이 끼거나 흐린 날(云, 雲의 원래 글자)에 나무를 심다(埶)는 뜻을 담았다. 하지만, 갑골문과 금문에서는 나무를 심는 모습을 대단히 사실적으로 그렸다. 한 사람이 꿇어앉아 두 손으로 어린 묘목(木)을 감싸 쥔 모습이다. 간혹 나무(木)가 풀(屮·철)로 바뀌기도 했지만, 의미에는 영향을 주지 않는다. 이후 土(흙 토)가 더해져 埶(심을 예)가 되었는데, 이는 땅(土)에 나무를 심는다는 것을 강조하기 위함이었다. 이후 다시 草木(초목)을 대표하는 艸(풀 초)가 더해져 蓺가 되었고, 다시 구름을 상형한 云이 더해져 지금의 藝가 완성되었다.

　　나무를 심다는 뜻에서 나무 심는 기술의 뜻이 나왔고, 다시 技藝(기예), 工藝(공예), 藝術(예술) 등의 뜻도 나왔다. 현대중국의 간화자에서는 소리부 埶를 乙(새 을)로 바꾼 艺로 쓰며, 일본에서는 芸(げい)로 쓰는데, 한국에서는 芸은 '향초이름 운'으로 藝와는 다른 글자임에 유의해야 한다.

꾀 **술** 術 术, shù

衍術 簡牘文

術 說文小篆

기술(技術), 상술(商術), 술수(術數)를 뜻하는 술(術)은 術은 行(갈 행)이 의미부고 朮(차조 출)이 소리부인 구조인데, 『설문해자』에서는 '나라 안의 도로(行)'라고 했다.

그렇게 볼 때, 길(行)에서 농작물(朮, 秫의 원래 글자)을 사고파는 모습을 그린 것으로 추정되며, 물건을 사고팔 때는 가격의 흥정을 위해 쌍방 모두 '꾀'와 '기술'이 필요했기에 '꾀'나 방법, 戰術(전술), 技術(기술) 術數(술수) 등의 뜻이 나왔을 것이다. 현대중국의 간화자에서는 行을 생략한 채 朮에 통합되었다.

영어에서 기술을 뜻하는 'technology'의 어원은 고대 그리스어 '테크놀로지아(technologia)'로부터 유래됐고, 이는 예술(art)과 공예(craft)를 뜻하는 '테크네(techne)'와 이야기(word, speech)를 뜻하는 '로고스(logos)'가 합쳐진 단어로, '예술과 공예에 관한 이야기'라고 할 수 있다. 이후 주로 인간정신의 외적인 것을 생산하기 위한 실천을 의미하였다가, 19세기쯤 들면 예술적 표현의 형식적 실용적 세밀함을 말했다가, 점차 전문적이고 세밀한 '기술'을 총칭하게 된 것으로 볼 수 있다.

14

학(學): 배움의 변증법

끝없이 변신해야 오래간다

단순한 모방·답습 버릴 때 진정한 지혜 획득으로 이어져
새로운 한 해 시작하는 지금이 '배움'의 의미 생각해 볼 때

대전 비봉서당에서 열린 충효교실에 참가한 한 초등학생이 한자를 유심히 살펴보고 있다.(사진: 월간중앙)

1. 배움이란?

배우고 수시로 그것을 익히면 기쁘지 아니한가?
학이시습지(學而時習之)면, 불역열호(不亦說乎)아?

이 땅에 사는 우리도 누구나 한 번쯤은 들어보았고, 웬만한 사람이면 외우고 있을 법한 매우 귀에 익은 말이 아니던가? 인류 최고 고전의 하나로 알려진 『논어』의 시작 맨 첫 구절이다. 『논어』는 그 많고 많은 개념과 가치 중에서도 이렇듯 '배움과 익힘'으로 시작한다. 그만큼 공자가 중요하게 여겼다는 것이고, 그의 핵심사상이라는 말이다. '배움과 익힘' 즉 학습(學習)은 그 후 중국은 물론 유가 문화권을 사는 동아시아 사람들의 운명이 되었고, 살아가면서 언제나 간직해야할 화두가 되었으며, 인생의 가장 중요한 가치로 자리 잡았다. 그것은 『논어』로 대표되는 유가사상이 오랫동안 이들 제국의 핵심 가치관이자 주류 통치철학으로 기능해 왔기 때문이다.

『논어』는 시작부터 이렇게 선언했지만, 배우고 익히는 것이 보통사람들에게 즐거울 리 만무하다. 즐겁기는커녕 오히려 괴롭거나 성가신 일이라고 해야 더 사실적일 것이다. 배우고 익히는 일이 즐거운 일이 되려면, 또 일상의 하나로 자리 잡으려면, 그 사회나 시민이 상당한 수준을 갖춘 문화적·철학적 경지에 올라야만 한다. 그럼에도 공자의 이러한 대담한 선언으로 학습이 동양에서는 생활 속으로 깊숙이 들어왔고 모두가 이루어야 할 꿈이 되었다. 이를 통해 자신의 욕망을 이루고, 성공한 사람이 되어, 가족과 가문을 빛내고, 사회의 우뚝 선 지도자가 되었다. 그것은 모두의 좌우명이 되었고, 그리고 늘 지니고 다녀야 했던 자신을 지켜주는 신비한 호신부 그 자체였다.

여하튼 이 지역을 살아온 사람들은 이 선언 덕택에 평생 배움을 게을리 하지 않았고, 배움을 삶과 인생의 자산으로 삼아, 자신은 물론 가문과 사회와 나라를 풍요롭게 일구어 왔다. 20세기 중후반에는 '아시아의 네 마리 용'(제2차 세계 대전 이후 경제가 급속도로 성장한 동아시아의 네 국가에 해당하는 대한민국, 홍콩, 싱가포르, 타이완을 일컫는 말)이 세상의 주목을 크게 받았었다. 근대화도 산업화도 늦었고 게다가 2차 세계대전 이후 거의 황무지의 상태에서 출발했지만, 열정적인 배움과 가족과 국가에 대한 희생정신, 일에 대한 경건함과 특유의 근실함 등으로 세계가 주목하는 기적을 일구어내었다. '유가문화권', '한자문화권', '유가자본주의'라 불리는 이들 지역, 그 찬사의 중심에 유가식의 '배움'이 근원하고 있음은 분명하다.

학(學)의 여러 모습들(왼쪽부터 금문, 예서, 간화자, 조선 속자)

그러나 21세기 4차 산업혁명시대를 맞이한 지금, 동양의 찬란한 전통을 만들었던 이러한 학습(學習)에 대한 맹신과 숭배, 그리고 축적된 경험은 오히려 건강한 발전을 방해하는 요소로 등장했다고 생각된다. 농경사회를 거쳐 근대 이후 지식산업사회까지 '지식'이 개인과 사회발전의 절대적 자산이 되었던 시절, '배우고 수시로 익힘'은 더없이 훌륭한 법보였다. 그러나 지식을 넘어선 지식이, 지식을 융합한 창의성이 세상을 이끌고 주도하는 새로운 시대가 된 지금, '배우고 익히는' 식의 전통적인 학습에 담긴 단순학습과 반복과 답습의 인식이 오히려 창발적 발전을 저해하는 위험한 요소로 남을 가능성이 커진 것이다. 그렇게 보는 근거는 무엇일까? 학(學)과 습(習)의 어원을 따라 찾아가 보자.

2. 학(學)과 습(習): 구체적 지식의 무한 반복

'배워서 익히는 것'이라 정의되는 학습(學習)은 열독과 청취와 관찰과 연구와 실천 등의 과정을 거쳐 얻은 지식이나 기능, 혹은 인지 과정을 말한다. 사람이 남긴 축적된 지식을 읽어내려면 글자를 배워야 하고, 남의 설명이나 강의를 청취하려면 말을 배워야 한다. 관찰하려면 사물과 세계에 대한 체계와 질서를 배워야 하며, 연구하려면 과학적 사고 방법을 배워야 하고, 실천하려면 사회에 대한 객관적 시각과 능동성을 확보한 응용 능력을 배워야 한다. 이러한 '배움'은 모두 구체적인 것의 배움과 그에 대한 무한한 반복에서 오는 지식 축적을 출발점으로 삼음은 분명하다. 이러한 개념이 바로 '학습'이라는 사실을 한자는 글자 속에 이미지화 하여 그대로 담아내고 있다.

學(배울 학)	갑골문 / 금문 / 간독문 / 설문소전 / 설문전문
習(익힐 습)	갑골문 / 간독문 / 고새문 / 설문소전
敎(가르칠 교)	갑골문 / 금문 / 간독문 / 석각고문 / 설문소전 / 설문고문

학습(學習)이라는 단어가 처음 등장하는 것은 『예기(禮記)』라는 책으로 알려졌는데, 「월령(月令)」편에서 "한여름이 되면 매가 배우기 시작한다(孟夏之月……鷹乃學習)"라고 했는데, 진호(陳澔, 1260~1341)가 풀이한 『예기집설(禮記集說)』에서 "배운다(學習)는 것은 새끼 매가 끝없는 반복을 통해 날갯짓을 배우는 것을 말한다(雛學數飛也)"라고 했다.

학습(學習)은 사실 학(學)과 습(習)이라는 전혀 다른 글자가 결합된 단어이다. 학습(學習)에 대한 앞의 풀이는 사실 학(學)과 습(習)의 어원에서도 그대로 확인된다. 먼저, 학(學)은 갑골문에서부터 등장하는데, 새끼 매듭(爻) 지우는 법을 집(冖)에서 두 손(臼)으로 배우는 모습을 그렸다. 이후 대상을 강조하기 위해 아이(子)가 더해졌고, 강제하는 수단인 회초리(攴=攵·복)가 더해지기도 했다. 매듭짓는 법은 달리 결승(結繩)이라고 하는데, 문자가 생겨나기 전 기억의 보조 수단으로 삼던 주요 방법 중의 하나였다. 잉카인(Inca)들이 사용했던 퀴푸(Quipu)가 바로 결승의 일종이다. 인간 사회의 의사소통과 지혜의 전수를 위해 제일 먼저 말과 문자를 가르치지만, 문자가 없던 시절에는 당시의 소통 도구였던 매듭짓는 법을 먼저 가르치고 배웠던 것이다. 이로부터 학(學)은 '배우다'는 뜻이 만들어졌으며, 모방하다, 본받다, 배우는 사람, 학교, 학과, 학문, 학설, 학파 등의 다양한 뜻이 나왔다.

또 어떤 경우에는 학(學)을 달리 斅(가르칠 학효)이라고도 썼는데, 이는 원래 글자인 학(學)에 매를 들고 있는 모습(攴=攵)이 더해진 형태이다. 학습을 강제하는 옛날의 교육법이 반영된 모습이다. 지금은 독립된 글자로 분화했으나 여전히 학(學)과 같은 글자로도 쓰인다. 학(學)은 이후 복잡한 구조를 간단하게 하고자 윗부분을 줄여 학(斈)으로 쓰기도 했고, 현대 중국의 간화자에서는 더욱 간단한 모습의 학(学)으로 쓴다.

배움이란 끝없는 반복 통해 날갯짓을 터득하는 것

학(學)의 어원이 이처럼 기초적인 것을 모방하고 외운다는 의미를 담았다면, 습(習)은 반복성을 강조한 글자다. 습(習)은 원래 羽(깃 우)와 日(날 일)로 구성되어, '익히다'가 원래 뜻인데, 어린 새가 오랜 세월(日) 동안 반복해 날갯짓(羽)을 '익히는' 모습으로부터 반복 학습의 의미를 그렸다. 이후 일(日)이 白(흰 백)으로 변해 지금처럼 되었는데, 백(白)은 自(스스로 자: 鼻의 원래 글자)의 잘못으로 보인다. 그렇다면 '스스로(自) 배우는 날갯짓(羽)'이라는 개념으로부

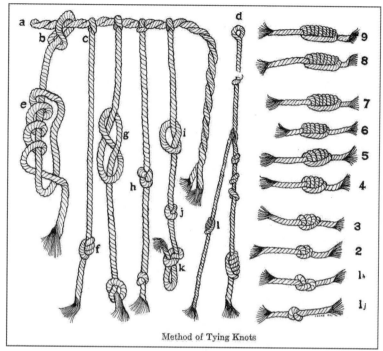

터 스스로의 의지에 의한 학습의 중요성을 강조한 것으로 해석될 수 있다. 간화자에서는 백(白)을 생략하고 또 우(羽)의 한쪽만 남겨 습(习)으로 쓴다.

우리는 학(學)과 습(習)의 어원을 통해 고대 중국인들이 생각했던 '배움'의 근본적 인식을 엿볼 수 있다. 즉 학습(學習)은 인간의 문화생활을 할 수 있는 가장 기본인 새끼매듭(문자의 전신)을 어린 새가 날갯짓을 배우듯이 무한 반복하여 자기 것으로 만들어가는 모습을 반영하여 만든 단어이다. '학습'이라는 극히 추상적 개념을 이렇듯 구상적으로 그려냈다. 기초적인 글자를 배우고, 그것을 무한 반복하여 자기 것으로 만드는 이미지가 그대로 녹아 눈에 보이듯 선하다. 한번 보기만 하면, 한번 듣기만 하면, 쉽게 기억될 수 있도록 고안된 한자의 뛰어난 특성이 아닐 수 없다.

3. 배움(學)과 가르침(敎)의 변증법

배움이 있으면 가르침이 있기 마련이다. 언뜻 보기에 이 둘은 대립하는 개념으로 보이지만, 한자에서는 서로 전화 가능한 개념이다. 그것은 '가르치다'는 뜻의 교(敎)의 어원이 학(學)과 같은 데서 나온 데서 근원했다는 것을 보아도 알 수 있다.

교(敎=教)도 오래된 글자로 갑골문에서부터 등장하는데, 子(아들 자)와 攵(=攴, 칠 복)이 의미부이고 爻(효 효)가 소리부로 되었다. 아이(子)에게 새끼매듭(爻) 지우는 법을 회초리로 치며(攵) 가르치는 모습을 그렸다. 학(學)에서처럼 문자 출현 이전의 기억 보조 수단이었던 결승을 가르치는 것이 가르침 즉 교육(教育)의 출발이었던 것이다. 이로부터 지식이나 기능 등을 전수하다는 뜻이 생겼고, 학술 등의 유파를 뜻하여 종교(宗教)라는 뜻까지 나왔다. 이후 남을 가르치다는 뜻으로부터 '시키다'는 사역동사로도 쓰였다. 교(敎)는 달리 孝(효도 효)가 소리부이고 복(攵)이 의미구조로 된 교(教)로 쓰기도 하는데, 그것은 유가사상이 지배하던 시절, '효'가 국가 지탱의 중요한 통치 개념이자 교육의 최고 대상의 하나였음을 적극 반영했다.

교(敎)와 학(學)은 같은 데서 출발…교학상장(敎學相長)

이처럼 교(敎)와 학(學)은 자형 속에 집(宀)이 들었느냐의 차이일 뿐, 완전히 같은 데서 출발했다. 그래서 교(敎)는 학(學)이고 학(學)은 교(敎)이다. 이 때문에 교(敎)와 학(學)은 자주 짝을 이루어 등장하기도 한다. 바로 교학상장(敎學相長)이 대표적이다. "배워 보고서야 부족함을 알고, 가르쳐 보고서야 어려움을 알게 된다. 부족함을 알고서야 스스로를 반성할 수 있으며, 어려움을 알고서야 스스로 강해질 수 있다. 그래서 가르침과 배움은 다 같이 자신을 자라나게 한다." 『예기·학기(學記)』에 나오는 이야기이다.

대립하는 두 개념의 절묘한 결합이자 통일이 아니던가? 뛰어난 혜지가 돋보이는 해설이다. 가르침이 배움이요, 배움이 가르침이다. 마치 선문답과 같은 말이라 생각할지 모르나, 남을 잠시라도 가르쳐본 사람이라면 쉬 이해될 것이다. 아무리 어린아이들이라도, 아무리 무지한 대상이라도, 아무리 천한 부류라 하더라도, 그들을 가르쳐보면 그 속에서 새로운 배움을 얻게 된다. 그래서 교학상장(敎學相長)이라는 말이 나왔고, 삼인행 필유아사(三人行必有我師)라는 말도 나왔던 것이다. 절대 과장이 아니다.

그래서 중국어에서는 우리의 교육(敎育)에 해당하는 말에 교육(敎育) 외에도 교학(敎學)라는 단어가 더 자주 쓰인다. 우리말에서는 '교육' 하나로 번역되지만, 이들 둘 사이에는 제법 큰 차이가 존재한다. 즉 교육(敎育)은 일방적으로 상대를 가리킨다는 뜻이지만, 교학(敎學)은 가르치는 것과 배우는 것의 상호 교감과 소통을 통해 '교육'을 완성한다는 의미를 강하게 담고 있기 때문이다. 일방의 일방적 가르침보다 상호 소통하고 이를 통해 진정한 가르침을 만들어내는 것, 그것이 이 새로운 시대의 흐름에 부합하고 더 현실적인 교육이 아니던가?

한자에서는 그 아득한 옛날, 갑골문 시대에 이미 이러한 지혜를 발견했던 것일까? 교(敎)와 학(學)을 독립된 글자가 아니라, 같은 데서 분화한 글자로 만들어 냈던 것이다. 『예기』의 교학상장(敎學相長)에서처럼, 교(敎)와 학(學)의 변증법적 통일이라는 철리적 해석이 이루어지기 훨씬 이전에, 고대 중국인들은 글자를 창제하면서 이미 그전부터 축적되어 온 이러한 혜지를 글자 속에 고스란히 담아냈던 것이다.

나아가, 교(敎)의 어원이 학(學)과 같다는 것은 배움의 궁극적 목표가 남을 가르치는데 있음을 반영했다고도 할 수 있다. 유가에서의 배움이란 도가나 불교에서처럼 현상을 넘어서는 깨우침에 이르러 진정한 '앎'에 도달하려는 것이 아니다. 입신양명(立身揚名)이라는 말처럼 대단히 현실적이고, 교학(敎學)이라는 말처럼 대상을 교육하고 교화한다는 현실적 목표가 내재되어 있다.

노자 "도(道) 행하는 것은 지식을 들어내는 것"

잘 알다시피, 노자는 이러한 유가의 앎에 대한 태도를 극히 부정했다. 그래서 "배우는 것은 날로 지식을 더하는 것이요, 도를 행하는 것은 날로 지식을 들어내는 것이다.(爲學日益, 爲道日損)"라고 했다. 날로 배워 '지식' 이 쌓이면 그 지식으로 남을 가르치고 정치를 하고자 하는 욕망이 강해져 진정한 앎에 도달할 수 없다. 하지만 도를 행하게 되면 구체적인 지식이 없어져 이러한 욕망에서 해방되는바, 그것이 진정한 배움이요 해탈이다. 뿐만 아니다. 구체적 지식이 자꾸 쌓이면 그 지식에 옭매여 세상을 보는 눈이, 진정한 모습을 찾으려는 지혜로운 눈이 점차 좁아지고 줄어들어 제한되기 마련이다. 그러나 도를 행한다면 구체적 지식과 잣대가 줄어들어 세상을 보는 눈이, 사람을 보는 눈이, 만물을 보는 눈이 더욱 넓어지고 자유로워진다.

이처럼 고대 중국의 배움은 그 출발에서부터 현실성을 가질 수밖에 없었다. 배움의 궁극적 목표는 나 자신의 진정한 득도나 해탈이 아니라 그 출발부터 남을 가르치고 교화하기 위한데 있었던 것이다. 이는 동양의 지식인들이 배움이라는 것을 입신양명(立身揚名)의 가장 유효한 수단으로 삼았던 이유이기도 하다. 또한, 가르치면서까지 배움의 자세를 취했듯 끊임없는 배움의 추구, 이것이 바로 동아시아가 중시했던 전통이자 가치였다. 이를 통해 그들은 다른 문화권이 이루지 못했던 비약적인 발전을 이루었던 것이다.

4. 학(學)에 담긴 부정성의 제거

배움이 한자문화권의 큰 특징의 하나였듯, 학(學)은 한자에서 어떤 글자보다 중요한 글자였다. 중요했기에 사용 빈도도 높고 관심도도 높았다. 앞서 들었던 것처럼 다양한 이체자의 출현도 이를 반영한다.

학습이라는 추상적 개념을 눈에 보이듯 그대로 그려낸 것은 한자의 커다란 장점이었지만, 이것이 오히려 단점일 때도 있다. 구상성이 너무 강해 한자의 자형을 보면서 그것이 그려낸 범주와 방식에 갇혀버릴 가능성이 크기 때문이다. 부정적 요소가 아닐 수 없다. 학습(學習)도 그렇다. 단순한 지식의 무한 반복으로 상징되는 '학습'의 한계에 갇혀 그 이미지에 지배될 가능성이 크다. 즉 학습(學習)에 담긴 자형이 발신하는 이미지 속에 속박될 가능성이 크다는 말이다.

그래서 그런지 공자도 『논어』의 맨 첫 구절에서 학습(學習)의 중요성을 강조했지만, 지식의 단순한 학습이 가져올 위험성을 크게 염려했던 것 같다. 그래서 공자는 "학이불사즉망(學而不思則罔), 사이불학즉태(思而不學則殆)."(「위정(爲政)」편)라고 했다. 사(思)는 깊이 생각하다는 뜻이고, 망(罔)은 망(網)의 원래 글자로 '그물'을 말한다. 뒤 구절의 태(殆)는 위태롭다는 뜻인데, 죽음을 뜻하는 알(歹=歺)로 구성되었기에 거의 죽음에 이를 정도의 위태로움이나 망함을 뜻한다. 그래서 이 말은 "배우기만 하되 사변하지 않으면 배운 지식의 그물 속에 갇혀버리고 말 것이며, 사변만 하되 배우지 않으면 죽음에 이를 정도의 위태로움에 이르게 될 것이다."라고 해석할 수 있다.

학습(學習)이 갖는 단순한 무한 반복의 위험성 때문에 배우되 반드시 그것의 원리를, 그것의 의미를 사유해야 한다는 것이다. 그렇지 않으면 배운 지식의 그물이라는 한계 속에 갇혀 정당성을, 객관성을, 지혜로움을 담보할 수 없다는 말이다. 역으로도 마찬가지이다. 생각만 하고 구체적인 것을 학습하지 않으면 그것은 공상이나 망상이 되어 자신은 물론 온 백성을 죽음의 위태로움으로 내몰고 망하는 것이라는 경고이다. 최초의 어원사전 『설문해자』에서 학(學)을 두고 '각오(覺悟)' 즉 '깨우치다'는 뜻이라고 풀이하여 배움이란 모름지기 깨우침에 이르러야만 진정한 배움이라 주장한 것도 이와 맥락을 같이 한다.

지식의 기억보다 창조적 행위와 철학적 사유 더 중요

이렇듯 공자는 배움을 중시했지만, 그 배움이 지식의 독단에 빠지지 않도록 사변과 함께 하기를 주장했다. 또한, 사변이 지나쳐 공허한 지식이 되지 않기를 강조했다. 배우는 과정에서, 배운 것을 실천하는 과정에서 항상 깊이 새겨야 할 금과옥조가 아닐 수 없다.

그러나 이 둘 중에 선택해야 한다면 어느 것을 우선해야 할까? 공자는 그래도 학습을 우선시 했던 것으로 보인다. 그는 이렇게 말했다. "나는 일찍이 종일토록 먹지도 않고 밤새토록 잠도 자지 않으며 온종일 생각에 빠져 본적이 있지만, 별 도움이 되지 못했다. 차라리 그 시간에 배우는 것이 더 나았다 생각한다.(吾嘗終日不食, 終夜不寢, 以思, 無益, 不如學也.)"(「위령공(衛靈公)」편). 물론 여기서 말한 학(學)이 배우는 행위에 한정되지는 않을 것이다. 앞서서 논쟁을 벌이는 시간에 나아가 실천하는 것이 낫다는 말로 확장할 수 있을 것이다. 연못가에서 물고기를 보며 군침을 흘릴 시간에 돌아가 그물을 짜는 편이 더욱 현실적이고 그편이 낫다는 말이다.

앞에서도 보았듯, 학(學)은 어원적으로 어떤 구체적인 것을 배우다는 뜻을 담아 '배움'이 갖는 모방성을 강조했다. 게다가 이후 습(習)까지 합쳐진 학습(學習)은 배운 지식의 무한 반복성을 담았다. 모방과 무한 반복과 답습은 상상과 창의와 창조의 대척점에 있다. 사회가 발달할수록 이러한 '학습'의 전통적 개념은 효용성을 발휘하기 어렵다. 구체적 지식의 기억이 별 의미를 가지지 못하고 남이 생각하지 못하는 상상과 창의와 창조적 행위, 철학적 사유가 더욱 중요해진 오늘날의 세상에서는 더 그렇다.

이러한 부정성은 어쩌면 글자 속에 구체적인 모습과 뜻을 고스란히 담고 있는 한자가 태생적으로 가질 수밖에 없는 한계일지도 모른다. 왜냐하면 한자가 만들어졌던 고대 사회, 원시 시대의 생존환경과 생활상을 반영한 자형이 사회가 발전하고 시대가 바뀌어 생존환경과 가치관이 바뀌었음에도 처음의 이미지는 그대로 남아 과거의 기억을 자꾸 강제하기 때문이다.

이 때문에 한자는 이러한 부정적 시선을 제거하려는 나름의 노력을 계속해왔다. 학(學)도 마찬가지이다. 국가가 출현하는 청동기 시대가 되자 문자가 만들어졌고, 문자가 권력을 장악하고 국가를 경영하는 중요한 수단이 되자 글자 매듭 즉 결승이 아닌 기초 글자를 배우는 것이 학습의 상징이 되었다. 그런데도 '배움'을 뜻하는 학(學)에는 여전히 '집안에서 결승을 배우는 아이'의 모습이 제거되지 않은 채 그대로 남아 있다. 문자부호와 그것이 가리키는 실제가 달라졌을 뿐 아니라, 글자 속에 담긴 이미지가 오히려 새로운 시대가 요구하는 창발적 '배움'을 왜곡할 여지가 생겨난 것이다.

그래서 '두 손으로 결승을 배우는' 모습을 줄여 학(斈)이나 학(学)으로 바꾸고 줄여서 이러한 부정적 간섭을 없애려 노력했을 것이다. 물론 서사의 경제성 때문에 필획을 줄이고자 한 목적도 있었겠지만, 분명 지칭 부호와 실제 개념의 명칭의 불일치, 혹은 그것을 넘어서 시대적 사명을 간섭할 부정성을 제거하려는 무의식적 노력이었다고 보아야 할 것이다.

論론語어ㅣ 諺언解해 卷권之지四ᄉ

衛위靈령公공篇편十십五오

衛위靈령公공이 問문陳딘於어孔공子ᄌ
대ᄒᆞᆫ 孔공子ᄌㅣ 對ᄃᆡ日왈 俎조豆두之지事ᄉ
ᄂᆞᆫ 則즉嘗샹聞문之지矣의어니와 軍군旅旅
력之지事ᄉ노ᄂᆞᆫ 未미之지學ᄒᆞ야也야ㅣ라ᄒᆞ시고
明명日일에 遂슈行ᄒᆡᆼᄒᆞ시다
衛위靈령公공이 陳딘을 孔공子ᄌ끠물
ᄌᆞ온대 孔공子ᄌㅣ 對ᄃᆡᄒᆞ야ᄀᆞᆯ 으샤ᄃᆡ
俎조豆두의 事ᄉᄂᆞᆫ 일즉 드럿거니와 軍

『논어언해』(「위령공」편). 필자 소장본.

그런 의미에서 조선시대에 한국에서 주로 쓰였던 학(孝)은 매우 주목할 만하다. 학(孝)은 그러한 의도를 더욱 분명하게 보여주기 때문이다.

'집에서 새끼매듭 지우는 법'을 그린 윗부분을 아예 문(文)으로 바꾸어, '배움'에 대한 새로운 개념을 만들어 내었다. 문(文)이 무엇이던가? 영혼이 육체로부터 나갈 수 있도록 시신에 낸 '영혼의 출입문'에서 출발한, 모든 정신적 행위, 예술적 행위, 철학적 행위 등 인간의 모든 문화를 포괄하는 숭고한 개념이 아니던가? 그렇게 됨으로써 학(學)은 단순히 결승이나 글자를 배우는 저급한 단계의 학습이 아니라 문화와 문명과 인간정신을 탐구하는 사변하는 고차원적 '배움'으로 승화하였다. 그런 의미에서 현대 중국의 간화자에서 채택한 학(学)보다는 우리의 선조들이 썼던 학(孝)이 훨씬 고차원적이고 철학적이며 고차원적인 창의적 지혜가 담긴 글자가 아닐 수 없다.

5. 음험함을 제거한 한자들

한자는 탄생부터 지금까지 큰 변화 없이 사용되는 가장 대표적인 문자이다. 그래서 한자에는 과거의 수렵시대, 노예제사회, 농경시대, 가부장적 사고, 위계개념 등, 현대사회와는 잘 맞지 않는 많은 개념들도 많이 노정되어 있는 것도 사실이다.

그러나 사회의 변화와 가치 개념의 전변을 거치면서, 한자도 나름대로 이러한 부정적 시선과 음험한 이데올로기를 제거하려는 노력을 부단히 해 왔다. 위에서 들었던 학(學) 이외에도 당(黨)과 중(衆) 등이 변신에 성공한 대표적인 글자라 하겠다. 그들은 어떻게 자신이 가졌던 음험한 부정적 요소를 제거해 변신에 성공했던 것일까?

당(黨)을 보자. 黨(무리 당)은 黑(검을 흑)이 의미부이고 尙(숭상할 상)이 소리부인데, 흑(黑)은 얼굴에 형벌 문신을 한 모습으로, 출발부터 부정적 의미를 가진다. 그래서 당(黨)은 글자 그대로 '부정한 것을 숭상하는 집단'임을 말한다. 그래서 『설문해자』에서도 '신선하지 못하다', 즉 '썩었다'는 뜻으로 해석하였다. 그래서 정치단체를 뜻하는 정당(政黨)은 '부정적인 것을 숭상하는 정치집단'으로 해석된다. 그렇다면 동양에서는 정당이라는 것이 정의가 아닌 자신들의 이익만을 위해 무리 짓고 편 가르는 집단으로 여겨져 매우 부정적인 의미를 가졌음을 확인할 수 있다. 서구에서는 이를 'party'라고 하여 이를 '축제의 장'으로 인식한 것과는 대조를 이룬다. 이러한 부정적 인식이 담긴 당(黨)은 현대 중국의 간화자에서 멋지게 변신한다.

伟大、光荣、正确的

中国共产党

'중국공산당' 표지. 당(黨)을 당(党)으로 바꾸어 부정적 시선을 말끔히 제거하고 새로운 개념을 창출했다.

　공산당의 혁명으로 나라를 세운 중화인민공화국에서는 중국공산당 즉 당(黨)은 모든 것을 초월하는 절대적 존재다. 거기서 당(黨)에 '부정적인 것을 숭상하는 집단'이라는 의미가 들어 있음이 편할 리는 없었을 것이다. 그래서 당(黨)에 든 흑(黑)을 인(儿=人, 사람 인)으로 바꾸어 당(党)으로 만들었다. 그렇게 되자. '사람(儿=人)을 숭상하는(尚)' 집단이 당(党=黨)이 된 것이다. '부정적인 것'의 숭상에서 한 순간에 '인민을 아끼고 받드는' 당(党)으로 기막힌 변신을 한 것이다.

당(黨)(예서와 간화자)	중(衆)(예서와 간화자)

　대중을 뜻하는 중(衆)도 그렇다. 衆(무리 중)은 血(피 혈)이 의미부이고 㐺 (무리 중)이 소리부로, 피땀(血) 흘려 힘든 노동을 하는 사람들(㐺)을 그렸다. 더 거슬러 올라가 초기단계의 갑골문에서는 혈(血) 대신 日(날 일)이 들어가 뙤약볕(日) 아래서 무리지어(㐺) 힘든 일을 하는 '노예'들을 그렸었다. 그러던 것이 금문에서는 일(日)이 목(目)으로 바뀌었는데, 노동에 종사하는 노예들을 감시하는(目) 모습을 강조했던 탓이다. 중(衆)의 윗부분은 뙤약볕(日)에서 철저한 감시(目)로 바뀌었다가 다시 피눈물 나는 고통(血)으로, 시대에 따라 변신을 거듭했다.

　이후 사회가 발달하면서 중(衆)은 사회와 국가를 지탱하는 중요한 계층으로 변화해 '노예'나 '종'이 아닌 일반 대중(大衆)이라는 의미로 확대되었다. 특히 근대 이후에는 민중(民衆)이 주인이 되는 시대가 되었다. 현대 중국에서도 혁명을 일으켰던 주체 세력이 바로 농민과 노동자로 이루어진 민중(民衆)들이었다. 더 이상 중(衆)은 뙤약볕에서 노동하는 노예도, 감시를 받는 노동자도, 피를 토하는 어려움의 가장 하층 계급도 아니었다. 인민이 정치의 주인이자 주체임을 지향한 신 중국에서 중(衆)은 혁명의 주체가 되어 이 사회의 주인이 된 계층으로 신분 상승이 이루어진 것이다. 이러한 변화를 반영이라도 하려는 듯, 현대 중국의 간화자에서는 아예 윗부분을 삭제해버리고 인(人)이 셋 모인 중(众)으로 표기했다. 그렇게 해서 중(衆)은 이전의 멸시와 핍박과 감시의 대상이었던 역사적 흔적을 말끔히 지우고 새롭게 출발할 수 있게 되었다.

6. 이 시대의 '배움'

한자는 알파벳 문자가 갖지 않는 여러 장점을 가졌다. 그중에서도 가장 큰 장점은 글자 속에 해당 개념의 이미지가 그림처럼 남아 있어 한번 보면 그 뜻을 알 수 있고 쉽게 기억할 수 있다는 점이다. 그러나 때로는 그처럼 강력한 이미지가 변화한 사회, 진화한 사상과 문화를 제대로 반영하지 못할 뿐더러 오히려 방해하기도 한다. 한자가 갖는 아이러니가 아닐 수 없다.

한자를 21세기 미래의 문자로 발전시키고 더욱 현실적인 문자로 발전해 나가기 위해서는 이러한 부정적 요소를 제거하고 새로운 가치를 담아내는 작업을 부단히 해야 한다. 이전의 한자가 그랬던 것처럼 계속 변해야만 진정으로 살아남을 수 있기 때문이다. 단순한 형체 변화가 아니라 새 시대에 맞지 않는 부정적 시선들을 제거하고 새로운 환경의 시대적 정신을 반영할 수 있는 내용적 변신이 이루어져야만 더욱 강한 생명을 담보할 수 있을 것

『주역언해』. 필자 소장본.

이다. 마치 당(黨)과 중(衆)이 현대 중국의 간화자에서 당(党)과 중(众)으로 변신하여 그 속에 담긴 부정적 요소들을 말끔히 씻어내고 새로운 모습으로 변신하면서 새 생명을 부여받았던 것처럼 말이다.

한자는 무한히 변화하는 살아있는 존재

『주역』에서 "궁하면 변하게 되고, 변하면 통하게 되고, 통하게 되면 오래 간다(窮則變, 變則通, 通則久.)"(「계사」편)라고 했다. 한자도 마찬가지다. 학(學)이 학(孝)이나 학(学)으로 변신하여 새 생명을 가졌듯 끝없이 변신해야만 살 수 있다. 그래야 오래토록 갈 수 있다. 배움도 마찬가지이다. 단순한 지식의 습득과 모방과 답습을 벗어버리고 진정한 지혜의 획득으로, 새로운 상상 가득한 창의적인 사유의 창조로 이어져야만 할 것이다. 그렇게 해야만 그간 좋은 전통으로 남았던 배움의 동양적 한계를 극복하여 21세기 새로운 시대의 진정한 자산으로 승화시킬 수 있을 것이다.

그런 의미에서 한자는 무한히 변화하는 살아 있는 존재이며, 21세기 지금도 여전히 유효한 인류의 훌륭한 자산이자 활용 가능한 문자이다. 새로운 한 해 가 시작하는 지금, 진정한 모두가 진정한 '배움'을 다시 생각해 볼 때이다.

14-1	가르칠 **교**	教	[教], jiào, jiāo

𣁷	𣁷 㣔 𣁷 甲骨文 㸚 𣁷 金文
	𣁷 𣁷 𣁷 簡牘文 𣁷 石刻古文
	𣁷 說文小篆 𣁷 𣁷 說文古文

'가르침'을 한자에서는 어떻게 그렸을까?

敎는 子(아들 자)와 攵(攴, 칠 복)이 의미부이고 爻(효 효)가 소리부로, 아이(子)에게 새끼 매듭(爻) 지우는 법을 회초리로 치며(攵) 가르치는 모습을 그렸다. 爻에 대해서는 여러 해설이 있지만, 문자가 출현하기 전 기억을 보조하던 주요 수단이었던 새끼 매듭(結繩·결승)을 상징하였다. 글자가 만들어지기 전 인간 간의 대표적 소통 수단이었던 결승을 대표되는 기호체계를 가르치는 것이 바로 敎育(교육)이었다.

이로부터 지식이나 기능 등을 전수하다는 뜻이 생겼고, 학술 등의 유파를 뜻하여 宗敎(종교)라는 뜻도 나왔으며, 이후 사역동사로도 쓰였다. 달리 孝(효도 효)가 소리부이고 攵이 의미구조로 된 敎로 쓰기도 하는데, 가르침의 최고 대상의 하나가 '효'임을 천명하기도 했다.

敎學相長(교학상장)이라는 고사 성어는 "가르침과 배움이 서로 진보시켜 준다"는 뜻으로, 가르침과 배움을 통해 상대를 발전시킴은 물론 자신도 성장한다는 깊은 철리를 담았다. 『예기·학기(學記)』편에 나오는 말인데, "그래서 배워보고서야 부족함을 알게 되고, 가르쳐보고서 자신이 모자람을 알게 된다. 자신이 부족함을 알고서야 스스로 반성하게 되고, 모자람을 알고서야 스스로 강해진다."라고 했다.

다만 敎에 강제성을 뜻하는 攵이 들어간 것은 고대 사회의 모습을 반영했지만, 자발적 학습이 중요한 현대 사회에서의 교육과 모순되는 것이 아쉽다.

14-2	무리 **당**	黨	党, dǎng

黨 簡牘文

黨 說文小篆

"정치적인 주의나 주장이 같은 사람들이 정권을 잡고 정치적 이상을 실현하기 위하여 조직한 단체"를 뜻하는 黨 하면 朋黨政治(붕당정치)라는 말을 떠올리듯, 동양에서 전통적으로 상당히 부정적인 의미를 가졌다. 이는 서구에서 黨을 파티를 뜻하는 'party'로 표현해 이상이 같은 사람끼리 모여 그것을 실천하고 사회를 변혁시키는 '파티'를 벌리듯 '즐거운' 행위이자 축제의 장이라는 인식과는 차이를 보인다. 그 원인은 다름 아닌 글자에서 찾을 수 있다.

黨은 黑(검을 흑)이 의미부이고 尙(오히려 상)이 소리부로, '무리지어' 나쁜 것(黑)을 숭상(尙)하는 무리나 집단을 말하며, 이로부터 무리, 친족, 朋黨(붕당), 붕당을 짓다, 사적인 정에 치우치다 등의 뜻이 나왔다.

또 옛날의 기층 조직으로, 5家(가)를 隣(린), 5隣을 里(리), 500家를 黨이라 했다. 黨同伐異(당동벌이)는 시비곡직을 불문하고 자기편 사람은 무조건 돕고 반대편 사람은 무조건 배격함을 말한다.

현대중국의 간화자에서는 의미부인 黑을 儿(사람 인)으로 바꾼 党으로 쓰는데, 사람(儿)을 숭상하고(尙) 존중하는 것이 '(중국공산)당'임을 천명했다. 혹자는 사람들이 숭상해야 할 것이 '(중국공산)당'임을 나타낸다고도 한다. 黨이 가지는 부정성을 의도해서 바꾼 것인지는 알 수 없지만, 黨에 담긴 부정성을 제거한 훌륭한 변신이 아닐 수 없다.

14-3	무리 **중**		众, [𩁓], zhòng

𩲃 𠔋 𠱧 甲骨文 𠱧 𠱧 𣥏 𠱧 金文

𠱧 𠱧 𠱧 𠱧 𠱧 𠱧 古陶文 𠱧 盟書 𣥏 𠔋 𠔋 簡牘文 𠱧 帛書 𠱧 𠱧 𠱧 古璽文

𠱧 說文小篆

　'수많은 사람의 무리'를 뜻하는 大衆(대중), '국가나 사회를 구성하는 일반 국민이나 대중'을 이르는 民衆(민중)으로 잘 알려진 衆(중)은 무엇을 그렸을까?

　이 글자는 여러 차례 변화를 거쳤는데, 그때마다 민중의 아픔과 슬픈 역사를 잘 반영했다. 지금의 衆은 血(피 혈)이 의미부이고 仈(무리 중, 衆의 본래 글자)이 소리부로, 피땀(血) 흘려 힘든 노동을 하는 사람들(仈)을 그렸다.

　그러나 그전, 갑골문에서는 日(날 일)과 사람(人·인)이 셋 모인 모습인 仈으로 구성되어, 뙤약볕(日) 아래서 무리지어(仈) 힘든 일을 하는 '노예'들을 지칭했다. 이후 금문에 들면서 日이 目(눈 목)으로 바뀌어, 그런 노예들에 대한 감시(目)의 의미가 강조되었으며, 目이 다시 血로 바뀌어 지금처럼 되었다.

　이후 일반 大衆(대중)의 의미로 확대되었고, '많다'는 뜻까지 가지게 되었다. 현대중국의 간화자에서는 人이 셋 모인 众으로 표기한다.

　그렇게 본다면 뙤약볕 아래에서 노동하던 노예나 종을 뜻하던 衆이 때로는 감시의 대상으로, 때로는 피땀 흘리는 고통스런 계급으로 표현되었다. 그러다 현대중국의 간화자에서 人이 셋 모인 众으로 바뀜으로써 衆에 담긴 부정성을 잘 제거했다.

성(聖): 이 시대의 성인은 누구인가?

비판과 고발도 경청해 모순·불합리 고쳐 나간다

남의 말(口) 귀담아듣는(耳) 사람이 뛰어난 지도자
지존이라면 자신을 객관화할 수 있는 겸허함이 필수

┃ 성균관 명륜당 앞마당에서 열린 석전대제(釋奠大祭)에서 성균관대 무용과
학생들이 팔일무(八佾舞)를 추고 있다.

1. 성인의 태도

> 강과 바다가 모든 계곡의 왕이 될 수 있는 것은 그들보다 낮은
> 데 자리하기 때문이다. 그 때문에 모든 계곡의 왕이 될 수 있다.
> 그래서 성인이 되어 백성의 윗자리에 앉으려면, 자기를 낮춘 채
> 말해야 하며, 몸을 백성들 뒤에 둔 채 나서야 한다.

『노자』 제66장 '강해(江海)'장에 나오는 성인의 태도에 대한 역설이다.
천하를 다스리는 자는 마음을 비우고 자신을 잊는(虛心亡己) 덕으로 임해야
만 아래로 물 흐르듯 천하가 모두 귀의하게 된다. 자신을 낮추고 겸손해야
만 남의 진정한 우두머리가 될 수 있다는 말이다. 이런 이유로 고대 제왕들
은 자신을 불곡(不穀)이나 과인(寡人)이나 짐(朕)이라 부르며 몸을 낮추었다.
불곡(不穀)은 제대로 여물지 않은 곡식이고, 과인(寡人)은 짝을 잃은 듯 모
자라는 사람이며, 짐(朕)은 구멍이 나 침몰하려는 배를 먼저 수리하는 사람
이라는 뜻이다. 모두 미숙하고 부족하지만 구성원을 위해 제일먼저 희생하
는 사람임을 담았다.

이렇듯, 겸손하여 자신을 낮추고 양보하면 모든 사람이 자연스레 뒤따르
게 된다. 남과 다투지도 않기 때문에, "백성들 위에 존재한다 해도 무겁다
느끼지 않고, 앞에 나선다 해도 해롭다 여기지 않는다." 그래서 세상 사람들
은 즐거이 추대하고, 이 세상 누구도 겨룰 자가 없어 진정한 '지존'이자 성
인이 되는 것이다.

2. 성(聖)의 어원

성(聖)은 성인(聖人)을 비롯해 성군(聖君), 성왕(聖王), 성현(聖賢), 성탄(聖誕), 성경(聖經), 성당(聖堂), 성소(聖所), 성배(聖杯) 등 여러 단어를 구성하는 중요한 글자다. 듣기만 해도 거룩함과 신성함이 느껴지는 말들이다. 그러나 '성스러움'이 무엇이냐고 묻는다면 그다지 쉽게 설명할 수 있는 것도 아니다.

영어에서는 '성인', '성스러움', '성물' 등을 'saint'로 표현한다. 그 어원을 거슬러 올라가보면, 12세기쯤의 고대 프랑스 'seinte'에서 왔고, 이는 라틴어인 'sanctus'에서 근원한 것으로 알려졌다. 이들은 모두 '성결(聖潔)' 즉 거룩하고 깨끗하다는 뜻을 담아, 세속에 물들지 않음이나 그것을 초월한 깨끗함에서 그 어원의 출발점을 삼고 있다. 인간의 끝없는 욕망에 권모술수가 횡행하고, 상대를 모함하며, 서로를 착취하는 썩어 빠진 모순으로 가득한 곳이 이 세상이다. 이 모든 세속성을 초월할 수 있는 '거룩하고 깨끗한' 존재가 바로 '성인'이었고, 그것이 '성스러움'이었다.

『도덕지귀』. 조선 유학자들에게 내내 금서였던 '도덕경'을 서명응이 자신의 태극음양설을 토대로 해석한 역작으로, 조선후기 유학자들의 도덕경에 대한 관점이 잘 반영되었다.

동양에서도 이랬을까? 달랐다면 여기는 어떤 개념에서 출발했을까? 그 근원을 찾아가는 방법은 여전히 한자의 어원을 추적하는 것이다. 성인을 뜻하는 성(聖)자가 갑골문 시대부터 출현하였고, 지금까지 별 다른 자형 변화 없이 그대로 쓰여, 근원과 변화를 추적할 수 있음은 퍽 다행스럽다.

성(聖)은 갑골문에서도 지금처럼 耳(귀 이)와 口(입 구)가 의미부이고 壬(좋을 정)이 소리부인 구조이다. 여기에 든 정(壬)은 발돋움을 한 사람을 그렸는데, 비슷한 모양의 임(壬)과 섞이지 않도록 유의해야 한다. 임(壬)은 정(壬)과 달리 가운데 획이 긴데, 날실(세로 방향으로 놓인 실)이 장착된 베틀의 모습을 그린 것으로 추정한다.

보통 사람 뛰어넘는 총명한 존재 일컬어

그래서 성(聖)은 발돋움을 하여(壬) 남의 말(口)을 귀담아듣는(耳) 사람이라는 의미를 그렸다. 뛰어난 지도자를 뜻하였던 고대의 '성인'에게서도 오늘날의 지도자들이 갖추어야 할 최고 덕목의 하나인 '경청'이 중요하였음을 보여준다. 남의 말을 귀 기울여듣는 것, 민중의 소리를 귀 기울여듣는 것, 충직한 비판을 귀 기울여듣는 것, 그리하여 독단으로 가지 않는 것, 그것이 바로 지도자의 최고 덕목임을 강조한 것이다.

성(聖)의 초기 형태에는 구(口)가 빠진 자형도 보이는데, '성인'의 근원이 사실은 '귀'에서 시작되었음을 보여준다. '뛰어난 청각을 가진 사람'을 상징하는 큰 귀(耳)는 원시 수렵 시절, 야수나 적의 침입을 조기에 발견하여 자신과 자신의 집단을 보호하는 역할을 상징한다. 이는 갑골문 시대에 훨씬 이전의 원시 수렵시대의 생존환경과 그 흔적이 축적되어 남겨진 것이다.

청동기 시대가 되면서 무기와 생산 도구가 비약적으로 발전하여 잉여생 산물이 생기고 계급과 국가가 출현했다. 그러자 성(聖)도 수렵시대의 족장에 서 국가를 대표하는 지도자로 변신하는데, 아마 이때 더해진 것이 구(口)일 것이다. 구(口)는 입을 그렸고, 입은 말을 상징한다. 남의 말을 귀담아들어 그의 속마음을 헤아리고, 민심을 헤아리는 존재가 바로 '지도자'임을 형상화 한 것이다. 이로부터 성(聖)은 보통 사람을 넘는 총명함과 지혜를 가진 존재 나 성인을 말하게 되었고, 학문이나 기술이 뛰어난 사람도 지칭하게 되었다. 특히 유가에서는 공자를, 불교에서는 부처를, 도가에서는 도통한 자를 부르는 말로도 쓰인다.

3. '제왕'을 지칭하는 말들

성(聖)의 초기 모습이 원시 수렵시대, 청각이 출중한 사람을 뜻해 소속 집단을 지키는 존재였다면, 성(聖)은 이후 "소리만 들어도 감정을 알 수 있 기에 성인이라고 했다(聞聲知情, 故曰聖也.)"라는 『풍속통(風俗通)』의 언급 처럼 소리만 듣고서도 말처럼 사람의 속마음을 알아챌 수 있는 지혜로운 사 람으로 변신한다. 인간의 간접지식은 감각능력으로부터 오는 법, 감각은 지 혜로움의 상징이다. 특히 중국에서 '귀'는 더욱 그렇다. 단순히 청각을 뜻하 는 청(聽)이나 성(聲) 이외에도 총명함을 뜻하는 총(聰), 부끄러움을 뜻하는 치(恥=耻)에도, 벼슬을 뜻하는 직(職)에도 '귀(耳)'가 들었다. 이처럼 한자에 서 귀(耳)는 특별한 상징을 갖고 있다.

성(聖) 이외에도 '제왕'을 뜻하는 한자는 많다. 제(帝)나 왕(王), 황(皇), 군(君), 주(主) 등이 그들이다. 제(帝)는 식물의 꽃꼭지를 그려 곡물숭배 사 상을 반영해 농경시대의 제왕을 대표한다. 그리고 왕(王)은 도끼나 모자를 그려 당시에 출현한 국가와 계급 사회에서의 권위를 상징하여 청동기 시대 의 제왕을 표상한다. 또 왕(王)에서 분화하여 화려한 장식이 더해진 모습을 한 황(皇)은 철기시대를 대표한다. 진시황이 자신의 지칭으로 사용한 것으로 보아 왕(王)과 구별하기 위해 특별히 만든 글자로 보인다. 이후에는 이들 글자들이 서로 결합하여 황제(皇帝), 제왕(帝王), 군주(君主) 등의 용어가 등장하였다.

문왕. 인간이 중심 되는 인문의 제국 주(周)나라를 실제로 연 인물이다. 『시경·문왕』편에서 그의 업적으로 노래했다.(그림: 『삼재도회』)

이에 비해 군(君)은 손에 붓을 든 윤(尹)으로 구성되어, 군자, 귀족, 역사관과 비판의식을 가진 지식인을 지칭하며, 기록의 시대를 대표한다. 이 때문에 군(君)은 군자(君子)에서처럼 정치권력과는 상관없이 최고의 지식인이자 그 이상향을 지칭할 수 있게 되었다. 또 주(主)는 촛대와 촛불심지를 그려, 자신을 불태워 주위를 밝히는 촛불처럼 구성원을 위해 희생하는 자가 바로 '주인'이자 '임금'임을 천명했다.

또 현자(賢者)나 현인(賢人) 등에서 보듯 현(賢)도 있는데, 정치적 요소는 약하지만 사람들이 바라는 이상향인 '성인'에 매우 가까운 존재였다. 그러나 현(賢)은 사실 앞서 들었던 글자들과는 결을 달리 한다. 대단히 세속적이고 경제적 관리 능력이 뛰어난 자를 말했다. 현(賢)의 어원을 보면, 원래는 臤(굳을 간·현)으로 써 노예(臣)를 관리하는 모습을 그렸고 이후에 '재물'을 뜻하는 貝(조개 패)가 더해져 지금처럼 되었다. 그래서 노비를 잘 관리하고(臤) 재산(貝)을 잘 지키는 재능 많은 사람이 현(賢)의 원래 뜻이고, 이로부터 재산이 많다, 총명하다, 재주가 많다, 현명하다, 현자 등의 뜻 등이 나오게 되었다. 현(賢)에 든 세속적 요소가 부담스러웠던지, 속자에서는 윗부분을 臣(신하 신)과 忠(충성 충)으로 바꾼 현(贒)으로 쓰기도 하는데, 충신(忠臣)이 바로 현자(賢者)임을 강조했다. 왕권제 사회에서 나온 글자답다.

이외에도 성인은 아니지만 지혜롭거나 뛰어난 자를 지칭하는 한자도 많다. 먼저 능력(能力)이나 재능(才能)을 뜻하는 능(能)은 원래 '곰'을 형상한 글자인데, 육중한 몸에 비해 민첩함은 물론 지능까지 뛰어났던 곰의 재주를 특출하여 만든 글자이다. 지혜(智慧)를 뜻하는 지(智)는 앎을 뜻하는 지(知)에서 세월을 뜻하는 일(日)이 더해져 만들어진 글자로, 단순한 지식이 세월과 경험을 통해 슬기로 승화함을 표상했다. 또 혜(慧)는 혜성을 뜻하는 혜(彗)에 심(心)이 더해진 글자로, 이해능력이나 수용능력이 밝은 혜성처럼 빛나는 자, 한번 들으면 알아듣는 그런 존재를 지칭한다.

게다가 철(哲)은 철(悊)이나 철(喆)로도 쓰는데, 분석(分析)을 잘하는 자를 말하고, 예(睿)는 계곡처럼(谷) 깊은 통찰력(目)을 가진 예리한 자를 말한다. 『설문해자』에서는 예(睿)를 "깊고 명철하다(深明)"라고 풀이했고, 『옥편』에서는 '성인(聖)'을 말한다고 한 것으로 보아 철(哲)보다 한 단계 높은, 더 멀리 보고, 더 깊게 관조하며, 모든 것을 이해하고, 모든 것을 통찰하는 능력을 가진 자를 말한다. 『공자가어·오제덕』에서 "밝고 지혜로우며 두루 통한다면 천하의 임금이 될 수 있다(睿明知通, 爲天下帝)"라고 했다. 황제나 성인의 형용이나 예찬에 적절한 말이다.

한자를 창제했다고 하는 전설상의 인물 창힐 상. 문자의 성인이라 불리며, 깊은 통찰력의 상징으로 눈이 4개로 표현되었다.

이상에서 보았듯, 성인을 지칭하는 여러 한자들은 처음에는 신성성 없이 천부적이고 지식이 많은 사람에서 출발했다. 그러나 세월이 흐르면서 점차 "배우지 않아도 알고, 모르는 것이 없고, 못하는 것이 없는 존재", 지고지상의 완벽한 존재나 성인을 지칭하게 되었다. 그리하여 왕권 시대에 들면서 최고 권력의 소유자 황제도 성인이라 불렀고, 이후 각종 영역의 최고의 존재를 상징하기도 했다.

4. 중국의 성인들

최초의 통일제국 진(秦)나라는 예상과 달리 얼마 가지 못하고 망했다. 진정한 의미의 통일 제국 '중국'은 사실 이를 이어 일어난 한나라에서 이루어졌다. 영토는 물론 통치체제나 사상이나 민족적인 면에서도 전에 없었던 강력한 통일 중국이 등장한 것이다. 특히 무제(武帝) 때는 모든 면에서 최전성기를 맞았다. 중국인들은 자신들을 한(漢, Han)이라 부른다. 그래서 중국어는 한어(漢語), 중국 글자는 한자(漢字), 중국민족은 한족(漢族)이다. 이는 서구가 중국을 진시황의 진(秦)에 근거해 'China'라고 불렀던 것과는 사뭇 대조적이다.

각종 영역에서 최고를 상징하는 말로 확장

이렇게 탄생한 위대한 제국을 위해서는 위대한 역사가 필요했다. 그렇게 해서 출현한 것이 신화화한 고대사들이다. 원래는 다양한 지역에서 다양한 민족에 의해 출현한 다양한 문화가 교류와 정복과 융합의 과정을 거치면서 지금의 중국문화가 된 것을, 황하 중심의 단일 문화로 설정하고, 『사기』에서처럼 삼황오제로 대표되는 일원적인 역사로 재구성한 것도 이때쯤이다.

그러다 보니, 인간의 탄생부터 각종 제도와 문물의 발명까지, 그 시작점에는 위대한 '성인'이 자리하기 시작했다. 인류의 탄생, 그 시작점에는 '복희

(伏羲)'라는 신인이, 인류를 역사시대에 진입하게 한 문자의 발명에는 '문자의 성인' 창힐(倉頡)이, 쾌락과 즐김의 상징인 술의 발명에는 '술의 성인'인 두강(杜康)이 배치되어, 역사를 더욱 그럴듯하게 더욱 촘촘히, 마치 진실인 듯 구성해 나갔다.

이러한 고대사 만들기는 세월이 흐르면서 더욱 확장되었다. 한 무제 때는 유가가 다양한 사상을 물리치고 국가의 유일한 통치 이데올로기로 등극했다. 그래서 유가의 창시자 공자에게는 '성인 중의 성인'이라는 뜻의 '지성(至聖)' 혹은 정신문화의 성인이라는 뜻의 문성(文聖)이라는 이름이 붙여졌다. 그러자 맹자는 그에 '버금가는 성인'이라는 뜻의 아성(亞聖)이라는 이름이 주어졌다. 이를 이어 각 영역의 '최고'를 뜻하는 '성인'들이 끝도 없이 등장하였다. 예컨대, 한자를 문자에서 예술로 끌어 올린 황희지(王羲之)는 '서예의 성인'이라는 뜻의 서성(書聖), 최초의 어원사전 『설문해자』를 만들어 한자학의 시초를 연 허신(許愼)은 '문자학의 성인'이라는 뜻의 자성(字聖), 초서에서 가장 뛰어났던 장욱(張旭)은 흘림체의 성인이라는 뜻의 초성(草聖)이라 불렀다.

'성인'은 문학 등 다른 영역으로도 옮겨갔다. 「춘망」이라는 시로 가슴을 찡하게 울렸던 당시(唐詩)의 대표 두보(杜甫)는 시성(詩聖), 송사의 대표 소식(蘇軾)은 사성(詞聖), 원곡의 대표 관한경(關漢卿)은 곡성(曲聖)이라 부르며 추앙했다. 당나라 최고의 화가 오도자(吳道子)는 화성(畫聖)으로, 바둑의 최고 황룡사(黃龍士)는 기성(棋聖)으로, 음악의 대가 이귀년(李龜年)은 악성(樂聖)이라 높여 불렀다.

'성인'으로 이름 붙이는 습관은 여기서 그치지 않았다. 중국 최고의 역사가이자 인류 불후의 명작 『사기』의 저자 사마천(司馬遷)은 사성(史聖), 『삼국연의』에서 유비를 도와 충절과 의리가 갖추어진 무예의 전통을 세웠던 관우(關羽)는 무성(武聖), 한나라 때의 뛰어난 의학자 장중경(張仲景)은 의성(醫聖), 세계기록유산에 등재된 『본초강목』의 저자 이시진(李時珍)은 약성(藥聖)이라 불렀다. 또 중국 차 문화의 전범을 마련한 육우(陸羽)는 다성(茶

聖), 『손자병법』의 저자 손무(孫武)는 병성(兵聖)이라 불렸다.

이러한 성인 만들기는 여전히 진행형이다. 12명의 성인, 24명의 성인에서, 48명의 성인, 64명이 성인이 되었고, 다시 72명의 성인, 100명의 성인 등이 등장했다. 성인이 이렇게 많은 중국, 그 역사는 그만큼 위대해진 것일까?

5. 성(聖)자의 변신

한자는 살아 있는 생명이다. 그래서 살아있는 역사이기도 하다. 한자가 대표적인 표의문자인 이상, 출발 때 형성된 대부분의 이미지가 그 속에 그대로 남아서 전해진다. 세상이 끊임없이 변화하면서 한자도 그 시대에 맞는 이미지를 반영하고자 꽤 노력했다. 그 때문에 한자가 지금까지 살아남을 수 있었을 것이다.

성(聖)자도 마찬가지이다. 애초에 청각이 뛰어난 자로 그리거나, 구(口)를 더해 남의 말을 경청하는 정신을 그려낸 모습 자체로도 매우 훌륭했다. 그러나 역사 속에서 시대상을 표상하려 여러 의미 있는 변신을 계속 해왔다. 예컨대, 아랫부분의 정(壬)의 의미를 잘 알아보지 못하게 되자, 성(聖)이나 성(聖), 성(瑝) 등으로 바꾸어 '성인'을 나라의 주인(主)이나 왕(王), 혹은 보배로움(玉)과 직접적으로 연계시켰다.

또 다른 모습의 성(賢)은 대(大)와 현(賢)의 결합으로 '위대한 현인'이라는 뜻을 담았으며, 성(智)은 지(知)와 왕(王)의 결합으로 지식이 풍부한 '지혜로운 왕'이라는 뜻을 담았다. 또 성(瞕)은 구(眼)와 왕(王)의 결합으로, '두 눈으로 세상을 꿰뚫어보는 왕'이라는 의미를 담았다. 그리고 성(瑝)은 장(長)과 정(正)과 왕(王)의 결합으로 '오랜 기간 동안 정의로움을 집행하는 왕'이라는 의미를 담았는데, 이는 측천무후 창제 한자의 성(瑝)과 닮았다.

성(聖)은 장(長)과 정(正)과 주(主)의 결합으로 '오랜 기간 정의로운 임금'으로 남길 원했던 자신의 꿈을 반영했다. 또 다른 모습인 성(聖)은 서(西)와 토(土)와 왕(王)의 주요 결합으로, "서쪽에서 온 왕"이라는 뜻을 담아 '부처'를 지칭하는데 사용하였다. 베트남 한자에도 이와 비슷한 것이 존재하는데, 서(西)와 국(國)과 인(人)으로 구성된 불(佛)로, 글자 그대로 '서쪽 나라에서 온 사람'이라는 의미를 담았다. 이 모두 나름대로 문자 환경과 성인이 지향하는 목표를 잘 반영한 글자들이라 하겠다.

그러나 현대 중국의 간화자에서 채택한 성(圣)은 최악이다. '성인'이라는 형상성도 완전히 잃었고, 독음 기능도 갖지 못하는 아무 의미 없는 '부호'가 되어버렸다. 그것은 아편전쟁 패배 이후 받은 충격으로 한자를 폐기하고 알파벳으로 가려했던 '문자개혁'의 과도 단계로, 오로지 필획을 줄여야 한다는 강박관념의 결과였다. 한자의 장점인 형상성과 표의성을 완전히 상실한 결과물이다.

선조들의 지혜가 돋보이는 한국의 성(夆)

이에 비해 한국에서 만들어진 성(夆)은 대단히 훌륭하다. 문(文)과 왕(王)으로 구성되어 '문왕(文王)이 성인임'을 매우 형상적으로 그렸다. 필획도 줄었고 의미도 더욱 구상적이고 더욱 고상하게 그려냄으로써 훌륭하게 변신하였다. 우리 선조들의 지혜가 돋보이는 창의이다. 문왕은 주나라를 세웠던 무왕의 아버지이다. 제사와 신화와 정치 등 모든 관심사가 신에 집중되었던 상나라를 극복하고 그 대상을 인간으로 전환시켜 인간 중심의 인문학이 시작된 왕조가 주나라이다.

주나라의 이러한 정치제도나 사상문화는 지금의 중국은 물론 동아시아의 여러 제국의 전통을 구축했다. '인문'의 상징이 된 주나라, 그 기틀이 모두 문왕에서 만들어졌다. 상나라의 제후국일 때도 온갖 견제와 수모까지 견디며 절치부심, 나라의 힘을 길러 상나라를 정복하고 새로운 인간 인문 중심의 세계를 열었던 왕이 문왕이다. 동양 최고의 철학서 『주역』도 그가 상왕에게 잡혀 유리성에 감금되어 있으면서 만들었다고 전해진다. 그래서 시호도 '문(文)'이라 붙여졌다. 중국에서 성인을 가장 대표할만한 존재임이 분명하다. 아니면 유학을 통치 이데올로기로 삼았던 조선에서 공자를 일컫는 '대성지성(大成至聖) 문선왕(文宣王)'에서 따온 '문선왕'으로 공자를 직접 표상한 것일지도 모를 일이다.

┃ 문(文)과 왕(王)의 상하구조로 써 '문왕'을 직접 이미지화 한 '성(聖)'의 한국 고유 약자. 우리 선조들의 창의적 발상을 유감없이 보여주었다.

6. 구상과 추상

성(聖)에서도 우리는 한자가 갖는 분명한 특성을 확인할 수 있다. 바로 구상성이다. '성스러움'이라는 매우 추상적인 개념을 '귀를 쫑긋 세우고 남의 말을 경청하는 존재'로 표현했다. 물론 통치자 중심의 개념으로 만들어졌긴 하지만, 어떤 사람이 성인이냐고 묻는다면, 이보다 더 명확한 답이 있을까? 눈에 잡힐 듯하지 않는가?

서구가 알파벳 문명으로 상징되듯 추상적, 논리적 개념이 발달한 문명이라면 중국은 한자가 상징하듯 구상적, 직관적 사유가 발달한 문명이다. 예컨대, 서구라면 1번, 10번, 15번, 55번, 120번 고속도로 등으로 표현하겠지만, 우리에게는 여전히 낯설고 불편하다. 오히려 경부고속도로(서울-부산), 남해안 고속도로(부산-영암), 서해안고속도로(서울-목포), 중앙고속도로(부산-춘천), 경인고속도로(서울-인천)이라 부르는 것이 더 편하고 잘 와 닿는다. 우리의 고속도로 번호도 서구처럼 매우 체계적인 원칙을 갖고 있다. 상징적인 1번 경부고속도로를 제외하면, 간선고속도로는 동서와 남북으로 구분하여 끝자리를 각각 0과 5, 보조고속도로는 2와 7로 하며, 단거리 지선은 기존의 번호에 추가하여 3자리로 만든다. 규칙적이고 논리적인 명명법인데도 동양을 사는 우리에게는 여전히 생경하다. 왜 그럴까?

한국의 고속도로 숫자 명명법. 우리에겐 숫자로 된 고속도로 이름은 여전히 낯설다.

바로 구상적, 직관적 사유의 발달 때문이다. 그것은 어휘의 표현법에서도 충분히 증명된다. 중국의 상징 만리장성(萬里長城)을 영어로 'The Great Wall', 즉 '위대한 장벽'이라 부른다. '대단히 길다'는 개념을 '1만 리'로 표현한 것이다. '1만 리'리고 하면 십리가 어느 정도인지, 백리가 어느 정도인지 알고 있기에 쉽게 연상이 되기 때문이다.

물론 만리장성은 1만 리를 훨씬 넘어, 2012년의 실측 통계에 의하면 21196.18Km(바이두 백과)라고 하니 무려 5만3천리나 되지만 상징적 표현이다. 이런 표현은 면적을 말할 때도 마찬가지이다. 강원도나 캘리포니아에서 난 산불은 물론 초대형 유조선이나 막대한 토지 소유를 이야기할 때에도, 우리는 여의도의 몇 배이니 축구장의 몇 배 크기라고 표현한다. 축구장이나 여의도는 우리가 보고 기억한 크기로 남아 상상하기에 편하기 때문이다. 그것이 자신의 경험 치에 따라 달라지고 주관적인 면적인데도 말이다.

헌팅캡(hunting cap)도 마찬가지이다. 약간 앞으로 기울어지고 짧은 앞차양이 큰 수렵(헌팅)용으로 모자를 말하는데, 중국어로는 압설모(鴨舌帽 yāshé mào)라고 한다, 글자 그대로 '오리의 혀처럼 생긴 모자'라는 뜻이다. 설명하지 않아도 바로 그 모습이 연상이 된다. 대단히 빨리 달리는 말을 '천리마(千里馬)'라 하고, '엄청나게 멀리 볼 수 있는 눈'을 천리안(千里眼)이라고도 한다. 이 모두 추상적 사유보다는 구상적 사유, 논리적 사유보다는 직관적 사유가 발달한 문화 환경 때문이다.

헌팅캡(hunting cap)은 '수렵(헌팅)용 모자'를 말하는데, 중국어로는 '오리 혀 모양의 모자'라는 뜻의 압설모(鴨舌帽)로 번역된다.

7. 오늘날의 성인

『노자』 제41장에서 이렇게 말했다. "뛰어난 사람은 도(道)를 들으면 부지런히 그것을 실행하고, 중간치는 믿는 듯 마는 듯 반신반의하고, 미련한 사람은 도리어 크게 비웃어버린다.(上士聞道, 勤而行之, 中士聞道, 若存若亡, 下士聞道, 大笑之.)"

남의 말은 병을 낫게 하는 약이다

성(聖)자에서 담았던 '남의 말을 경청하는' 성인의 미덕은 지금도 여전히 유효하다. 남의 말은 애정이 담긴 비판이고, 이는 병을 낫게 하는 약이다. 더구나 자신에게 부족한 부분이나 불합리성에 대한 고발이라면 더 그렇다. 이러한 비판과 고발조차도 귀담아듣고, 자신의 부족함과 잘못을 고쳐가야 하며, 각종 사회 모순과 불합리한 부분을 제도화하여 개선해 나가는 것이 '성인'이자 지도자가 갈 길이다.

그러나 이러한 비판과 고발을 불편하게 느끼는 것은 인지상정일 것이다. 현대 중국에서도 이러한 정신을 두려워했는지 모른다. 독재하고 싶은, 정치권력으로 남고 싶은 욕망에서 이러한 이미지를 완전히 삭제하여 아무 의미 없는 성(조)으로 바꾸었는지도 모를 일이다. 그러나 성인이 갖추어야 할, 지도자가 갖추어야 할 미덕과 정신을 글자에서는 제거했을지 몰라도, 그 가치와 생명은 여전히 유효하다. 중국 뿐 아니다. 지도자만 가져야 할 덕목만도 아니다. 남의 말을 경청하고 자신을 객관화 할 수 있는 겸허한 태도, 그것이 자신감이고, 진정한 자아를 찾고, 진정한 지도자가 되고, 진정한 지존으로 가는 길이다.

| 15-1 | 성스러울 성 | 聖 | 조, shèng |

聖 甲骨文 ... 金文

... 簡牘文 ... 古璽文

... 說文小篆

　'지혜와 덕이 매우 뛰어나 길이 우러러 본받을 만한 사람'을 뜻하는 聖人(성인), 그것을 영에서는 'saint'로 표현하는데, 그 어원을 거슬러 올라가보면 12세기쯤의 고대 프랑스어 'seinte'에서 왔고, 이는 라틴어인 'sanctus'에서 근원한 것으로 알려졌다. 이들은 모두 '성결(聖潔)' 즉 거룩하고 깨끗하다는 뜻을 담아 세속에 물들지 않음이나 그것을 초월한 깨끗함에서 그 어원의 출발점을 삼고 있다. 이 모든 세속성을 초월할 수 있는 '거룩하고 깨끗한' 존재가 바로 '성인'이었고, 그것이 '성스러움'이었다.

　이에 비해 聖은 耳(귀 이)와 口(입 구)가 의미부이고 壬(좋을 정)이 소리부로, 남의 말을 귀담아듣는 사람이라는 의미를 그렸다. 갑골문에서는 사람(人)의 큰 귀(耳)와 입(口)을 그렸고, 금문에서는 사람(人)이 발돋움을 하고 선(壬) 모습을 그렸는데, 귀(耳)는 '뛰어난 청각을 가진 사람'을, 口는 말을 상징하여, 남의 말을 귀담아들어야 하는 존재가 지도자임을 형상화했다.

　이로부터 보통 사람을 넘는 총명함과 지혜를 가진 존재나 성인을 말했으며, 학문이나 기술이 뛰어난 사람을 지칭하게 되었고, 특히 유가에서는 공자를 부르는 말로 썼다.

　한국 속자에서는 文(글월 문)과 王(임금 왕)이 상하구조로 결합한 모습으로 쓰기도 하는데, 文王을 최고의 성인으로 인식하고자 한 모습이 반영되었다. 현대중국의 간화자에서는 圣으로 간단히 줄여 쓴다.

15-2			
	임금 **제**		dì

帝 甲骨文　帝 帝 金文

帝 帛書　帝 簡牘文　帝 漢印　帝 石刻古文

帝 說文小篆　帝 說文古文

帝가 무엇을 형상한 것인지에 대해서는 아직 정론은 없지만, 크게 부푼 씨방을 가진 꽃의 모습을 형상한 것으로 보는 것이 일반적이다. 즉 蒂(꼭지 체)의 본래 글자로, 역삼각형 모양으로 부풀어 있는 윗부분이 씨방이고, 중간 부분은 꽃받침, 아랫부분은 꽃대를 형상했다.

꽃꼭지는 식물 번식의 상징이다. 수렵과 채집 생활을 끝내고 농작물에 의해 생계를 꾸려 가는 정착 농경 사회로 들어서자 곡물이 인간의 생계를 이어주는 더없이 중요한 존재가 되었고, 그 과정에서 그들은 자연스레 식물을 숭배하게 되었다. 또한, 번식은 동식물의 생명을 이어주는 가장 근본이 되는 것으로 애초부터 중요한 숭배 대상이었으니, 식물 중에서도 번식을 상징하는 꽃꼭지를 최고의 신으로 숭배하게 된 것으로 보인다.

이로부터 天帝(천제), 上帝(상제), 帝王(제왕), 皇帝(황제) 등을 뜻하게 됨으로써 帝는 고대 중국에서 최고의 신을 지칭하게 되었다.

어질 **현**

賢 贤, [臤], xián

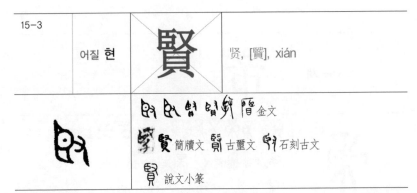

金文 簡牘文 古璽文 石刻古文 說文小篆

賢者(현자)나 賢明(현명)함을 뜻하는 賢은 보통 '어질다'로 이해하지만 그 어원은 사뭇 다르다.

賢은 貝(조개 패)가 의미부고 臤(굳을 간현)이 소리부로, 노비를 잘 관리하고(臤) 재산(貝)을 잘 지키는 재능이 많은 사람을 말했다. 이후 재산이 많다, 총명하다, 재주가 많다, 현명하다, 현자 등을 뜻하게 되었다. 또 또래나 후배를 높일 때도 쓴다. 『장자』에서 말했던 "재산을 다른 사람에게 나누어주는 것을 賢이라 한다"는 말은 賢의 출발이 어원처럼 재산(貝, 臣)에 있었음을 말해준다. 그렇게 본다면 賢의 원래 뜻은 어질다는 의미 보다는 일처리에 능숙한 재능 있음을 알 수 있으며, 이후 남보다 뛰어난 사람, 나아가 남보다 지혜롭고 도덕적으로도 우월한사람, 선행을 베푸는 사람(『玉篇』) 등을 지칭하는 개념으로 변했다.

속자에서는 달리 윗부분을 臣(신하 신)과 忠(충성 충)으로 바꾸어 賢으로 쓰기도 하는데, 忠臣이 바로 '어진 사람'임을 강조했다. 현대중국의 간화자에서는 臤을 간단하게 줄여 贤으로 쓴다.

유(遊): 유희하는 인간, 유어예(遊於藝)

이젠 노동도 놀이로 승화시켜 삶을 더욱 살찌울 때

서양과 달리 동양에서는 유희를 부정하려는 경향
'의미 있는' 일하기를 즐기는 게 우리 시대의 새로운 흐름으로

| 500여 전부터 전승되고 있는, 농사 지으며 부르는 소리인 전북 순창군 '금과 모정 들소리' 민요 공연이 흥겹게 펼쳐지고 있다.(사진: 월간중앙)

1. 자신을 위한 즐김, 놀이와 유희

'호모 루덴스(Homo Ludens)', 우리말로 옮기면 '유희하는 인간' 정도가 될 것이다. 인간의 여러 욕망 중 '유희'도 그 근본적인 것에 속한다. 어쩌면 일하는 속성보다 더 근원적인 욕망일지도 모른다. 그러나 유가가 지배해 온 동양에서, 특히 성리학이 지배했던 조선에서 인생의 목표는 언제나 출세에 있었다. 그리고 출세의 본질은 가족과 가문을 빛내고 나아가 국가의 발전에 기여하는 것에 있었지, 한 인간의 삶이나 인류의 창의적 발전이라는 곳에 있었던 것은 아니다. 그래서 개인이나 사회 구성원들이 그들의 삶을 위한 '즐거움'의 추구나 즐김, 놀이는 물론 인류를 즐겁게 할 차으이적 상상 등은 다소 부정적으로 인식되고 제한되어 왔다.

유희나 놀이가 사람의 근본적 욕망의 하나이자 사회적 동물 인간의 공감능력과 직결된 일진대, 사람이 사는 사회에 어찌 즐기는 행위가 없을 수 있었을까만, 우리 동양 사회는 이를 지나치게 절제하고 부정하고 금기시하였다. 이 때문에 놀이에 관한 한자도, 기록도 상당히 제한적이다.

동서양을 구별 짓는 것 중의 하나가 삶에 대한 태도일 것이다. 그들이 삶을 위해, 자신의 행복을 위해, 자신이 하고 싶을 일을 하면서 산다고 한다면, 우리는 어쩌면 일을 위해, 남을 위해, 자신이 해야 하는 일을 하며 산다고도 할 수 있다. 그래서 서구 사람들은 종종 중국과 한국과 일본 등 동아시아 사람들을 보면서 이 사람들은 "삶을 위해 일하는 것이 아니라, 일을 위해 삶을 산다."라고 꼬집기도 한다. 서너 시면 퇴근하여 가족이나 친구들, 그리고 연인과 함께 나일 강변에서 자전거를 타고 산책도 하고 책도 읽고 맥주 파티도 한다. 독일의 일상적인 풍경이다. 이를 보면 독일이 정말 선진국이구나 싶고, 부럽기 그지없다. 그렇다. 이번 정부에서도 '저녁이 있는 삶'을 지향하여 우리 삶의 질을 높이고자 하고 있다. 하지만 지금도 우리는 여전히 삶을 위한 노동이 아니라 노동을 위한 노동을 하고 있다는 평을 받고 있다. 아직은 해결해야 할 일도, 가야할 길도 멀고 그렇게 녹록지도 않은 듯 보인다.

우리 동양에서는 놀이를 어떻게 인식하고 표현해 왔을까? 그리고 그 놀이에는 어떤 것들이 있었을까? 그리고 지금, 이 땅을 사는 우리에게 놀이는 무엇일까? 어원을 따라 그 역사적 여행을 떠나 보자.

2. 유(遊)와 유(游), 전쟁의 한 모습

놀이를 국어사전에서는 보통 "여러 사람이 모여서 즐겁게 노는 일, 또는 그런 활동"으로 풀이하고, 유희(遊戱)를 "즐겁게 놀며 장난함, 또는 그런 행위"로 해석한다. 의미의 차이에 크게 구별이 있어 보이지는 않는다. 단지 한자어냐 순우리말이냐의 차이 정도로 보인다.

유희(遊戱)의 유(遊)는 놀다는 뜻이고, 희(戱)는 희학질하다, 즉 실없는 말로 농지거리를 하다는 뜻이다. 그런데 유(遊)는 원래 유(游)라고 썼던 것이 변한 글자이다. '놀다'는 의미를 왜 유(游)라고 했던 것일까? 왜 이 글자에 물(水)이 들었고, 또 나머지 유(斿)는 무엇을 뜻하는 것일까?

유(游)는 글자 그대로 水(물 수)가 의미부고 斿(깃발 유)가 소리부인 구조로, 물길(水)을 따라 유람함(斿)을 말한다. 이로부터 수영하다, 한가롭게 노닐다, 사귀다 등의 뜻이 나왔고, 강의 한 부분을 지칭하기도 했다. 그런데 유(斿)를 자세히 보면, 다시 㫃(깃발 나부끼는 모양 언)과 子(아들 자)로 구성되었는데, 언(㫃)은 끝에 술이나 깃발이 달린 깃대를 그렸고, 자(子)는 아이를 그려 자손이나 가족을 뜻한다. 그래서 유(斿)는 부족이나 씨족의 상징이 그려진 깃발을 높이 들고 앞세우며 구성원들을 이끌고 집단으로 모여 다니는 모습을 형상한 것으로 추정된다. 고대 사회에서의 이동도 지금처럼 물길을 따라 이루어졌을 것이다. 그래서 그 이동이 물길을 따라 이루어졌다는 뜻에서 수(水)를 더해 유(游)가 되었다. 또 다니는 행위를 강조해 이동의 뜻을 상징하는 辵(쉬엄쉬엄 갈 착)을 더해 遊(놀 유)로 분화했다.

유(遊)·유(游) 모두 씨족·부족의 '집단 이동'을 의미

이렇듯 놀다는 뜻의 유(遊)나 유(游)는 모두 씨족이나 부족의 '집단 이동'에서 시작되었다. 그리고 그러한 이동은 다름 아닌 '전쟁'이었을 것이다. 고대 사회에서 전쟁이 아니면 일반인들의 외부와의 접촉은 매우 제한되었다. 외부로의 정벌이나 전쟁이 역설적으로 외부세계로 나아가고 그들과 접촉하고, 외부세계와 문명을 주고받을 수 있는 중요한 기회가 되었던 것이다. 그래서 한자에서 여행과 전쟁이 같은 어원을 가진다는 것은 주목할 만하다. 그것은 오늘날 여행(旅行)을 뜻하게 된 려(旅)가 유(游)와 매우 비슷한 모습을 하였다는 점에서 확인된다.

이는 영어에서의 'travel'이 고행, 즉 고생스런 여행을 뜻하여 성지순례를 연상시키는 것과 사뭇 대조적이다. 또 일을 위해 매일 왔다 갔다 해야 하는 이동을 뜻한 데서 출발한 'journey'와도 뉘앙스가 많이 다르다.

旅(군사 려)는 나부끼는 깃발(㫃·언) 아래에 사람(人)이 여럿 모인 모습을 형상한 글자인데, 자형이 조금 변해 지금처럼 되었다. 깃발은 부족이나 종족의 상징으로, 그 깃발을 중심으로 모여든 사람들은 전쟁과 같은 중대사가 생겨 이를 해결하기 위함이었을 것이다. 여(旅)의 원래 뜻이 군대(軍隊)나 군사(軍師)의 편제를 뜻했고, 지금도 이 글자의 훈이 '군사'로 남아 있다. 옛날에는 5백 명의 군사를 여(旅)라 했다. 여단(旅團)은 지금도 운용되는 군대 편제로 여(旅)의 원 모습이 군대였음을 보여주는 잔흔이라 할 수 있다. 여단(旅團)은 커다란 군대 편제단위를 뜻해 보통 두 개 정도의 연대(聯隊)를 지칭한다.

군대의 소집은 출정을 위한 것이었고, 그래서 여(旅)에는 '군대편제'나 '무리' 이외에도 '출행(出行)'이라는 뜻이 생겼고, 다시 '바깥을 돌아다니다'는 뜻까지 생겼다. 그리하여 여행(旅行)이라는 단어가 만들어졌다. 이로부터 여권(旅券)이나 여관(旅館), 여객(旅客), 여비(旅費) 등의 단어가 나왔다.

또 하나, 이러한 이동은 집단으로 이루어졌고, 그 대열에는 언제나 '깃발'이 앞섰다. 지금도 동양인들의 여행이 깃발을 앞세운 단체 여행이고, 내용도 개별적인 주제보다는 집단이 함께 하는 통합적 주제가 주를 이루는 이유도 여기서 근원한 것이 아닐까?

여(旅)의 여러 자형들. 정벌을 위해 깃발 아래 모인 군중을 그렸다. 때로는 전차가 더해져 의미를 더욱 구체화하기도 했다. 斿(깃발 유), 游(놀 유), 遊(놀 유) 등과 같은 어원을 가져 여행과 전쟁이 한데서 출발하였음을 보여준다.

전쟁과 여행과 유희가 같은 데서 근원하였다는 것은 매우 의미심장하다. 문명적인 전쟁은 고상한 놀이와 같다고 했던가? 중국의 고대 역사서를 보면, 전쟁을 칠 때에도 준비가 되지 않은 상대라면 미리 알려주고 대비하게 하는 정공법을 택하고, 적장이라도 인재라면 아껴 인정하고 대우하던 그것은 분명히 매우 문명적인 모습이다. 게다가 중세 서양의 기사도나 미국의 서부개척 시대 최후의 결투를 연상하듯, 진영을 대표하는 장수가 나와 단신 결투로 결판을 내는, 그래서 희생을 최소한으로 하는 전쟁의 모습에도 신사적 배려가 들어 있다. 이러한 모습은 인간의 고차원적인 놀이로 보아도 무리가 없어 보인다. 사이버 시대가 도래한 지금도 전쟁과 미지로의 여행은 가장 중요한 유희로, 게임으로 남았다.

3. 전쟁과 여행에서 유희로

자기가 살던 땅을 떠나 다른 곳으로의 이동은 언제나 새로운 일이었다. 고대 사회이고 폐쇄된 사회라면 더욱 그렇고, 지구상 어디로든지의 온갖 여행이 자유로운 지금의 우리에게도 여행은 여전히 그러하다. 여행이라는 공간 이동을 통해 환경이 다른 곳에서, 낯선 사람들이 사는 모습에서, 자신들과는 전혀 새로운 방식과 새로운 문물, 새로운 가치관과 특이한 이해 방식을 경험했을 것이다.

그리고 그러한 경험들은 자신이 살던 곳의 사람들에게 좋은 이야깃거리가 되었고, 사람들은 다른 세상의 이야기를 듣기 위해 몰려들었을 것이다. 그러한 공간에는 응당 커다란 놀잇거리가 함께 하기 마련이다. 지금은 없어졌지만, 장이 서는 날이라도 되면 온갖 기이한 물건들이 한 자리에 모였다. 약장수들은 묘기를 부리고, 사람을 부르는 각종 음악과 노래가 등장하고, 운이라도 좋은 날이라면 서커스 같은 평생 보기 힘든 진기한 묘기도 구경할 수 있었다.

창으로 호랑이를 희롱했던 중국인들

희(戱)의 여러 자형들. 받침대 위에 호랑이(虍)를 올려놓고(豈) 창(戈)으로 희롱하며 장난질 치던 모습을 그렸다.

한자어에서 '놀이'를 뜻하는 단어인 유희(遊戲)가 먼 곳으로의 여행을 뜻하는 유(遊)와 희학질을 뜻하는 희(戲)가 결합되어 만들어졌다는 것은 이러한 배경을 반영한다. 희곡(戲曲)이나 희롱(戲弄)을 뜻하는 희(戲)는 호랑이(虎·호)를 창으로 장난질하던 데서 유래했다. 즉 글자의 구조를 자세히 살피면, 戈(창 과)가 의미부고 虘(옛 질그릇 희)가 소리부인데, 희(虘)는 다시 호랑이를 뜻하는 호(虍: 虎의 생략형)와 굽이 높은 받침대를 뜻하는 두(豆)로 구성되었다. 그래서 받침대 위에 호랑이(虍)를 올려놓고(虘) 창(戈)으로 희롱하며 장난질 치던 모습을 그린 글자이다. 이후 희(虘)가 허(虛)로 변한 희(戲)로도 쓰기도 하였다. 오늘날 현대 중국의 간화자에서는 허(虛)를 간단한 부호 又(또 우)로 바꾸어 희(戱, xì)로 쓴다. 다만 그렇게 줄임으로써 안타깝게도 중원 지역에서 보기 힘든 백수의 제왕 호랑이를 인간 앞에 데려다 놓고 희학질하던 역사적 흔적은 깡그리 사라져 버렸다.

당나라 때의 춤추는 도용(陶俑). 1976년 낙양(洛陽) 북망산(北邙山) 서촌(徐村)의 당나라 무덤에서 출토. 하남성박물원 소장.

중국의 중원지역에서는 잘 보기 어려웠던 호랑이, 그것은 아마도 자신들이 살던 지역의 북방에서 가져온 신기하고도 무서운 동물이었을 것이다. 평소 잘 보지 못했던 이러한 무서운 동물을 무대 위에 놀려 놓고 창으로 약을 올리며 장난질 치던 모습은 고대 사회에서의 '놀이'를 충분히 짐작하게 한다.

이후 이러한 놀이는 계속 확장되어 백희(百戲)로 발전한다. 백희(百戲)는 글자 그대로 '백 가지 놀이'라는 뜻으로, 인간이 상상할 수 있는 온갖 놀이들이 다 등장한다. 특히 축제라도 벌어질 때면 온갖 제주를 뽐내는 배우(俳優)들이 등장하여 새로운 놀이를, 더 신기하고 더 자극적인 놀이를 선보이고 유행시켰다.

4. 유희의 종류

온갖 놀이는 뜻하는 백희(百戲)는 사실 한나라 때 자주 쓰이던 단어였다. 축제 기간 동안 온갖 묘기를 보여주는 잡기(雜技)는 물론 힘센 사람들이 서로 겨루는 씨름(角觝: 각저), 변신술은 물론 칼이나 불을 삼키고 내뿜는 등의 각종 묘기가 다 등장했다. 한나라 때의 생활상을 돌에다 새겨 놓은 각지의 화상석(畫像石)에도 이러한 백희도가 자주 등장하는 것은 당시 사람들이 즐기고 놀았던 모습의 반영에 다름 아니다. 이 세상에 살아 있는 사람들뿐 아니라 죽은 사람들에게도 내세에서도 즐겁게 살 수 있도록 도용을 만들어 무덤 속에 넣어 주었다. 같은 시기를 살았던 동북쪽의 고구려 벽화에서도 이러한 모습이 자주 보인다. 그들은 역사서에서 가무와 놀이에 능한 민족이라 평가받았던 민족이 아니던가?

중국에도 다양한 종류의 놀이가 존재해 왔다. 대표적인 것이 바둑이다. 인공지능 알파고와 이세돌과의 대국으로 더욱 유명해진 바둑은 인류가 만들어낸 최고의 지능적 놀이라 해도 과언이 아니다. 이외에도 쌍륙(雙陸), 칠교판(七巧板), 익지도(益智圖), 장기, 교환(巧環), 구궁격(九宮格), 축국(蹴鞠), 씨름(摔跤) 등 사람이 직접 하는 놀이는 물론 개싸움, 개싸움, 귀뚜라미 싸움 등 애완동물을 겨루게 하여 즐기는 놀이도 있었다. 중국어로 마장(馬將, májiàng)이라 불리는 마작(麻雀)은 서구에도 크게 소개되어 'mah-jong(g)'이라는 중국어 이름 그대로 남았다.

낭만적이고 격조 있었던 선조들의 놀이 문화

신라에도 옛날의 유희를 상상하게 해 주는 멋진 놀이가 있었다. 술 마실 때 즐겼던 재미난 놀이가 그것인데, 술 마실 때의 벌칙을 담은 조그만 주사위가 하나 출토되어 신라인들의 문화를 엿볼 수 있게 되었다. 대단히 해학적인 놀이였다.

| 고구려 벽화에 그려진 백희도(百戲圖)의 일부. 묘주(墓主)로 추정되는 사람과 손님들이 나무 아래서 원숭이가 벌이는 놀이(猴戲)를 감상하고 있다. 장천(長川) 제1호 묘.

신라의 수도 경주, 당시의 연회장이었던 동궁의 연못 월지(안압지)에서 1975년 출토된 주령구(酒令具)가 그것이다. 주령구는 글자 그대로 '술 마실 때(飮酒·음주) 지켜야 할 명령(行令·행령)을 적어놓은 도구'라는 뜻이다. 이 주사위를 던져 주사위에 새겨진 글귀 그대로 상대에게 벌칙을 주며 즐기는 놀이 도구였다.

각각의 면에는 행해야 할 벌칙 14가지를 적어 놓았는데, '금성작무(禁聲作舞)' 즉 무반주 댄스라 할 '노래 없이 춤추기'에서부터 '음진대소(飮盡大笑)' 즉 원샷을 뜻하는 '술잔 한 번에 다 비우고 크게 웃기'나 '농면공과(弄面孔過)' 즉 '얼굴을 간질여도 참기' 등에 이르기까지 다양하고 해학적이며 풍류가 가득하다. 천 년도 더 된 옛날, 우리의 선조들이 술자리에서조차도 얼마나 낭만적이며 격조 있게 놀았는지를 보여주는 장면이다.

특히 이 주사위는 과학적으로도 크게 주목받았다. 그것은 지금의 주사위처럼 6면체가 아니라 6개의 정사각형과 8개의 육각형 면을 교묘하게 결합한

14면체의 특이한 모습으로 되었고, 14면체로 되었는데도 각각의 면이 나올 확률이 거의 1/14로 균등하게 되어 있다는 점에서였다.

　사실 주령(酒令)의 역사는 오래되어 서주(西周) 때부터 생겨났다고 하는데, 수당(隋唐) 때에 이르러 매우 유행했던 것으로 알려졌다. 그중에서도 시 짓기가 대표적이었다. 당시의 사대부들은 술이라도 마실 때면 종종 즉석 시를 짓게 하여 벌칙으로 삼곤 했다. 당나라 때의 백거이(白居易)도 벌칙으로 지은 시에 "꽃 피는 봄날 함께 취한 술 마음 속 시름 다 녹여버리고, 술 취해 꺾은 나뭇가지로 먹은 술잔 헤아리고 있네.(花時同醉破春愁, 醉折花枝當酒籌.)"라는 시구를 남겼다. 그전 한나라 때의 가규(賈逵)는 『주령(酒令)』이라는 책을 편찬했다고 하고, 청나라 때의 유효배(俞效培)가 편집한 『주령총초(酒令叢鈔)』(4권)가 전하여 벌칙으로 지었던 각종 시구를 모아 놓기도 했다.

| 1975년 경주 월지(안압지)에서 출토된 주령구. 14면초로 된 각각의 면에 술 마실 때 행해야할 대단히 해학적인 벌칙 14가지를 적어 놓았다.

5. 여행에서 기행으로

| 예로부터 군대와 깃발은 불가분의 관계였다. KBS 사극 [태조왕건]의 한 장면.

사람들은 새로운 곳으로 다니면서 단순히 보고 즐기는 것이 아니라 그것을 기록으로 남기기 시작했다. 여행기가 등장한 것이다. 이를 반영한 단어가 기행(紀行)이다. 기(紀)는 기록하다는 뜻을 가진다. 왼쪽의 멱(糸)은 사(絲)의 원래 글자로 '비단 실'을 뜻하고, 오른쪽의 기(己)는 실 그 자체를 그렸다. '실'은 문자가 발명되기 전 기록의 주요한 보조수단으로 쓰였던 '결승(結繩)' 즉 새끼나 실매듭을 상징한다. 지난번에도 언급했던 잉카인들이 사용했던 퀴푸(Quipu)도 그것의 일종이다.

외부 세계에서 보고 느끼고 경험했던 것을 문자로 기록하는 것이 여행의 새로운 트렌드가 된 것이다. 이야기에서 기록으로 옮겨간 것이다. 그것은 책이라는 매체와 인쇄술과 경제의 발달이 한몫했을 것이다. 기록하다는 뜻의 기(紀)는 달리 기(記)로 쓰기도 하는데, 실을 뜻하는 멱(糸)이 말을 뜻하는 언(言)으로 바뀌었을 뿐, 의미는 같다. 유성언어인 말을 문자부호인 문자

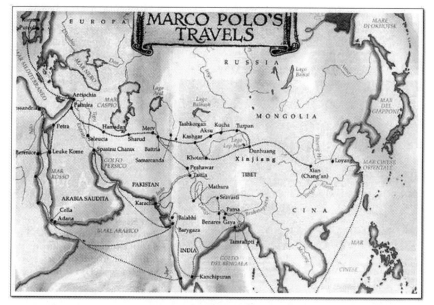

| 마르코 폴로의 동방 여정기. 그는 1271년부터 1295년까지 27년 동안 동방을 여행했고, 그 과정에서 보고 들은 것을 책으로 남겨 여행기의 신기원을 이루었다.

로 '기록하다'는 뜻을 더 형상적으로 그렸을지도 모를 일이다. 그래서 중국에서는 지금도 기록(紀錄)을 기록(記錄), 기념(紀念)을 기념(記念)으로 달리 표기하고 있다.

새로운 세계에 가서 보고 듣고 경험하는 것은 모두 언제나 새롭고 경이롭다. 경이로움에 찬 눈과 귀로 보고 들은 경험을 기록했다. 그런 의미에서 여행기를 보통 '견문록(見聞錄)'이라 불렀다. 다른 세상에서 '보고 들은 것'을 '기록한' 것이라는 의미이다.

견문록 하면 뭐니 뭐니 해도 『동방견문록(東方見聞錄)』이 최고일 것이다. 중국어로는 여전히 『유기(游記)』라 불리는 이 책은 13세기 베네치아공화국 출신의 상인이었던 마르코 폴로(Marco Polo)가 27년 동안 중앙아시아와 아시아 등 '동방'의 세계를 여행하면서 보고 겪었던 사실들을 그의 구술로 루스티첼로(Rustichello)가 기록했다고 하는 책이다. 1271년부터 1295년까지 여행했으니, 서양인이 동양을 여행하면서 보고 들은 것을 기록한 13세기의 기록인 셈이다. 이로부터 서양인들의 동양에 대한 경모는 본격화 되었고, 그 경모는 역설적이게도 6백년 후 동양에 대한 지배로 바뀌었다.

6. 진정한 삶, 노동하는 인간을 넘어서

❙ 사람들은 여행이라는 공간 이동을 통해 새로운 문물과 가치관을 경험하게 된다.

우리는 근대 이후, 특히 산업화시기를 거치면서 노동을 지고 지상의 절대적 가치를 지니는 것으로 여겨왔다. 심지어 노동이 인간의 고유함이며 인간을 동물과 구별해준다고 여겼다. 사실이기도 하고, 근면함과 근실함을 선천적으로 타고 났던 우리에겐 더욱 와 닿는 말이다.

노동은 인간 본질의 하나이다. 그래서 인간을 '호모 파베르(Homo Faber)', 즉 '노동하는 인간'이라 부르기도 한다. 물론 여기서의 노동은 단순한 일을 넘어서 의미 있는 일을 만들어 내는 창조적 작업을 말한다.

'예술'에 '노닐' 때 진정한 '예술' 이뤄져

동양의 숭고한 정신이자 삶에 대한, 예술에 대한 고차원적 이해를 집약한 그 한마디, 유어예(遊於藝). '예술에 노닐다'는 이 말에서 예술로 번역되는 예(藝)를 주나라 때에는 육예(六藝), 즉 예(禮: 매너), 악(樂: 음악), 사(射: 활쏘기), 어(禦: 말 몰기), 서(書: 글쓰기), 수(數: 셈)로 풀이하여, 인간 생활에 필요한 고급적인 6가지 범주의 지식을 의미했다. 그러나 그보다 훨씬 이전 예(藝)는 이전의 연재에서도 파헤쳤던 것처럼 '나무심기'로부터 출발하였고, 기술의 의미가 강한 글자이다. 기술은 노동을 의미한다. 물론 주나라 때 풀었던 6가지 범주의 지식도 인간만의 고유한 고차원적이고 의미 있는 노동을 위한 원천이었다.

그리고 세월이 흐르고 역사가 진전하여 예(藝)는 예술을 뜻하게 되었다. 예술은 인간의 가장 창의적인 노동이다. 그런 의미에서 놀다는 뜻의 유(游)를 인간의 가장 창의적인 일이라 할 예술(藝)에 결합시킨 것은 고대인들의 빛나는 혜지가 아닐 수 없다.

'노님과 놀이'를 뜻하는 유(游)를 '기술과 노동'이라는 예(藝)에 접합시킨 옛사람들의 혜지는 노동과 놀이라는 인간의 두 가지 본성과 욕망을 하나로 통일시키고 승화시킨 변증법적 승리가 아닐 수 없다. 예술의 주요 형태인 미술이나 서예나 시나 음악 등이 모두 '빈둥거림'과 '즐김'을 근본 요소로 한다는 것도 '예술'에 '노닐' 때 진정한 '예술'이 이루어짐을 보여준다.

노동을 놀이로 승화시키는 것, 의미 있는 일하기를 즐기는 것, 이것이 이 시대 우리가 고민하고 우리 사회가 만들어나가야 할 화두가 아닌가 싶다. 이제 노동조차도 즐기고 기술조차도 놀이로 삼아, 새로운 창의를 만들어내며 우리의 삶을 더욱 살찌울 때이다.

| 16-1 | 놀 유 | 遊 | 游, yóu |
| | 놀 유 | 游 | [遊], yóu |

甲骨文 金文 古陶文 簡牘文 古璽文 說文小篆 說文古文

遊와 游는 같은데서 나왔고 의미와 독음도 같은 글자이다. 유목 민족과 달리 정착 농경을 했던 중국인들에게 다른 공간으로의 이동, 특히 유람이나 여행은 매우 매력적인 즐거움의 하나였을 것이다. 그러나 고대 사회에서 다른 지역으로의 이동, 특히 여행으로서의 이동은 쉽지 않은 일이었다.

遊는 辵(쉬엄쉬엄 갈 착)이 의미부고 㫃(깃발 유)가 소리부로, 유람함을 말하는데 辵은 이동을 뜻한다. 원래는 斿로 써, 깃발(㫃·언) 아래에 자손(子자)들이 모여 다니는 모습을 형상했는데, 이후 물길을 따라 다니다는 뜻에서 水(물수)를 더해 游로, 가다는 뜻을 강조하기 위해 辵을 더해 遊(놀 유)를 만들었다. 현대중국의 간화자에서는 游(헤엄칠 유)에 통합되었다.

이에 반해 游는 이동을 뜻하는 辵 대신 물길을 뜻하는 水(물 수)가 들어가, 물길(水)을 따라 유람함(斿)을 강조하여 말했다. 이로부터 수영하다, 한가롭게 노닐다, 사귀다 등의 뜻이 나왔고, 강의 한 부분을 지칭하기도 했다. 원래는 斿로 써, 깃발(㫃·언) 아래에 자손(子자)들이 모여 다니는 모습을 형상했는데, 이후 물길을 따라 다니다는 뜻에서 水를 더해 游로, 다니는 행위를 강조해 辵을 더한 遊로 분화했다.

| 군사 **려** | | 旅, lǚ |

金文

簡牘文

說文小篆　說文古文

여행을 뜻하는 旅는 금문에서 매우 사실적으로 그려졌다. 나부끼는 깃발(㫃·언) 아래에 사람(人·인)이 여럿 모여 있는 모습을 그렸는데, 자형이 조금 변해 지금처럼 되었다. 여기에 辵(쉬엄쉬엄 갈 착)이 더해져 이들이 '이동함'을 강조하기도 했으며, 車(수레 차거)가 더해져 수레를 타고 이동하였음을 말하기도 했다.

나부끼는 깃발은 부족이나 종족의 상징이며, 전쟁과 같은 중대사가 생기면 사람들은 깃발을 중심으로 모여들었다. 그리고 더해진 車는 단순한 수레가 아니라 전쟁이 쓰던 전투용 마차, 즉 전차였을 것이다. 그래서 旅는 '전쟁'을 위한 이동을 의미하고 있다. 그래서 旅는 軍隊(군대)나 軍師(군사)의 편제가 원래 뜻이며, 『설문해자』의 풀이처럼 옛날에는 "5백 명의 군사를 旅"라 했다. 군대는 함께 모여 출정을 하게 마련이며, 그래서 旅에는 '무리'나 '出行(출행)'이라는 뜻이, 다시 '바깥을 돌아다니다'는 뜻까지 생겼다.

16-3	놀 희	戲	戏 [戲]

𢧢 𢧢 𢧢 𢧢 𢧢 金文

𢧢 古陶文　𢧢 簡牘文　𢧢 古璽文

𢧢 說文小篆

　유희나 희극을 뜻하는 戲는 戈(창 과)가 의미부고 虛(빌 허)가 소리부이지만, 虛 대신 盧가 들어간 戲(탄식할 희)가 원래 글자이다. '유희'라는 개념이 어떻게 해서 盧와 戈로 구성되었을까?

　戈는 낫처럼 생긴 창을 고대 무기의 대표이며, 盧는 豆(콩 두)가 의미부이고 虍(호피 무늬 호)가 소리부로 『설문해자』에서는 '오래된 도기(古陶器)'라고 풀이했지만, 여기에 虍(=虎)(범 호)가 들어간 것으로 보아 호랑이를 올려놓던 높은 단을 말한다.

　그래서 戲는 높다랗게 만든 받침대 위에 호랑이를 올려놓고(盧) 창(戈)으로 희롱하며 장난질 치던 모습에서 遊戲(유희)라는 뜻을 그렸다. 아마도 고대 사회에서 매우 대표적인 유희의 하나로 호랑이를 낫 창으로 희롱하며 가장 무서운 동물인 호랑이와 싸움을 즐기던 놀이, 즉 유희를 그린 것으로 추정된다. 금문이 이미 등장하는 것으로 보아 고대 중국에서 오랜 역사를 유희였을 것이다.

　호랑이를 유희하며 호랑이와 싸우는 놀이는 매우 극적이었을 것이며, 그 때문에 유희를 대표하는 글자로 남았을 것이다. 그 극적인 모습은 사람들로 하여금 탄성을 자아내었을 것이며, 그 때문에 유희라는 뜻 이외에도 '탄식하다'는 뜻이 나왔고, 이 때문에 원래의 '유희'라는 뜻은 소리부 虛를 더하여 戲로 분화했을 한국과 대만에서는 여전히 戲를 정자로 사용하며, 현대중국의 간화자에서는 虛를 간단한 부호 又(또 우)로 바꾸어 戏로 쓴다.

금(金): 청동의 제국, 황금의 나라

국호(國號)에 영원불변의 염원을 담아

간직해야 할, 지켜야 할 귀중한 보물의 상징
탐욕과 결합될 땐 인간들은 노예로 전락한다

중국 운남성 곤명시 외곽의 금전사. 천자문에 금(金)의 생산지로 등장하는 여수
는 운남성 영창부라는 곳에 있던 지명이다. (사진: 월간중앙)

1. "금생여수(金生麗水)"

"금생여수(金生麗水), 옥출곤강(玉出昆崗)."

우리에게 매우 익숙한 구절이다. 『천자문』에 나오는 문구이기도 하고, 전체 250구 중 상당히 앞에 자리한 제8구이기 때문에 더 그렇다. "금은 여수에서 생산되고, 옥은 곤강에서 나온다네."

금과 옥, 금과옥조(金科玉條)라는 말에서처럼, 우리 문화 깊숙이 자리 잡은, 인간이 간직해야 할 지켜야 할 귀중한 보물로 상징된다. 더구나 자본주의를 사는 오늘날, 특히 금은 그 무엇보다 귀중한 숭배물이, 생명줄이 된 지도 오래다.

여기서 금(金)의 생산지로 등장하는 여수(麗水)는 중국 운남성(雲南省) 영창부(永昌府)라는 곳에 있던 땅이름인데, 지금의 보산시(保山市) 정도라고 보면 된다. 보산시라고 하면 다소 낯설겠지만 그곳을 관할했던 대리국(大理國)이라면 쉽게 연상이 될 것이다. 대리(大理)는 이름 그대로 대리석이 많이 나는 곳이기도 하고, 옛날 중국의 남동쪽에서 강성한 국가로 존재했던 남조(南詔)국의 중심지이기도 하다. 또 서안에서 청도를 지나 대리를 거쳐 미얀마와 인도에 이르고, 다시 아라비아 반도를 지나 로마까지 이르는 중국 최초의 실크로드, 서남 실크로드의 거점도시이기도 했다.

대리 삼탑(三塔). 대리를 상징하는 탑이다. 남조 시기 824~859년 사이에 세워진 불교 탑으로, 중간 탑은 높이가 약 70미터에 이른다. 뒤로 보이는 산이 창산(蒼山)이고, 이해(洱海)는 탑 전면으로 1.5킬로 지점에 42.6킬로미터의 길이로 펼쳐져 있다.(사진= 바이두)

　　필자는 1994년, 약 25년 전에 그곳을 처음 방문한 적이 있다. 너무나도 아름다워, 1998년 가을 상해에 머물고 있을 때 다시 찾았고, 그 후로도 두 번 정도 더 찾았다. 언제나 여전한 감동을 주는 곳이다. 서쪽으로는 해발 4천 미터나 되는 시퍼런 창산(蒼山)의 19봉우리가 하늘과 이어진 듯 펼쳐져 있고, 오른쪽으로는 '사람의 귀(耳)'처럼 생겼다는 푸르디푸른 이해(洱海)가 바다처럼 펼쳐져 있다. 그 사이로 익어 늘어진 황금벌판, 그곳에 흰색으로 외벽을 칠한 집들이 그림처럼 점점이 늘어서 있다. 그 사이로 따스한 햇살과 시원스런 바람을 맞으며 자전거로 달렸다.

천국이 따로 없었다. 모든 시간이 정지하고 생각조차 멈춘 듯 했다. 자본의 최대 각축장으로 떠올랐던 상해, 또 우리나라를 뒤엎었던 외환위기의 아수라장을 생각하면 어떻게 이런 곳이 있을까 싶었다. 그간 살아온 방식과 가치관과 전혀 다른 삶의 방식, 시간의 속도도, 지향점도 전혀 다른 곳, 그곳을 달리며 생각했다. 우리는 무엇을 보며 살아왔던가? 무엇을 위해 살아가는가? 이곳이야말로 '샹그리라'가 아니고 무엇이겠는가? 이곳을 근거지로 안빈낙도하며 살아가는 그들의 삶, 그곳은 '도화원'이자 이 세상의 '유토피아'가 분명했다. 이곳을 백족(白族)이라 불리는 사람들이 살고 있다. 그들은 집도 흰색, 제사에 쓰는 제물도 흰 돼지, 흰 닭, 입는 옷도 흰색, 모두가 흰색을 숭상한다. 그래서 민족이름에도 백(白)이 붙었다.

여기를 살았던 사람들이 예로부터 산에서 흘러나온 계곡물에 섞인 모래를 건져내어 금(金)을 만들었다는 데서 『천자문』의 이 문구가 나왔을 것이다. 백번을 정련해 만들었다고 전한다. 그렇다면 여기서 말하는 금(金)은 사금(砂金)이고, 사금을 채취해서 정련해 금을 생산하던 고대 중국의 금 생산방법을 반영한 문구이다. 지금도 여전히 이곳은 금이 많이 생산되고 대규모 금광도 많다.

2. 금(金)의 어원, 금과 쇠 이전의 청동

『천자문』에서 말한 금(金)은 황금이지만, 한자 금(金)이 원래부터 황금을 지칭했던 것은 아니다.

최초의 한자 어원사전인 『설문해자』에서는 금(金)을 두고 이렇게 풀이했다. "다섯 가지 색을 내는 금속의 총칭이다(五色金). 그중에서

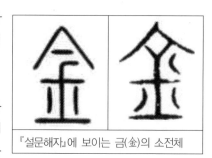

『설문해자』에 보이는 금(金)의 소전체

도 황색이 최고이다. 오랫동안 땅속에 묻혀 있어도 녹이 슬지 않고, 수 백 번 제련해도 가벼워지지 않으며, 사람의 뜻에 맞게 변형시켜 기물을 만든다. [오행 중에서] 서방을 대표하는 물질이다. 흙(土)에서 생겨나기 때문에 토(土)로 구성되었다. 자형(金)에서 [토(土)의] 왼편과 오른편에 더해진 두 획은 금덩어리가 흙(土)속에 든 모습을 형상화 했다. 윗부분의 금(今)은 소리부이다."

다섯 가지 색을 내는 금속의 총칭

서기 100년에 만들어진 사전인데도 대단히 상세하고 구체적인 해설이 덧붙여졌다. 이에 대해 청나라 때의 단옥재는 "오색금(五色金), 즉 다섯 가지 색을 내는 금속은 백금(白金), 청금(靑金), 적금(赤金), 흑금(黑金), 황금(黃金)을 말한다."라고 주석을 달았다. 여기서 말하는 백금(白金)은 은(銀), 청금(靑金)은 청동, 적금(赤金)은 황동 즉 구리, 흑금(黑金)은 철(鐵)을 말한다. 그리고 이 다섯 가지 금속은 그 색깔처럼 각기 동, 서, 남, 북, 중앙을 상징하기도 한다.

이처럼 『설문해자』가 만들어진 한나라 때까지만 해도 금(金)은 '쇠'의 총칭이었고 '황금'을 지칭하는 말은 아니었다. 그러나 선진(先秦) 시대의 역사문헌과 출토된 고대 한자 자료에 반영된 것을 종합해 보면 '철'이나 '쇠'가 아닌 '청동'을 지칭하던 말이었다. '청동'을 전문적으로 지칭하던 것이 철기시대가 되면서 철을 포함한 각종 '쇠'를 통칭하는 것으로 의미가 확대되던 것이다. 그래서 한자 발전사에서 갑골문(甲骨文)과 짝을 이루어 등장하는 금문(金文)은 '청동기에 새겨진 글자'를 뜻한다. 그렇다면 금(金)이 어떻게 해서 청동을 뜻하였고, 또 금속의 통칭이 되었으며, 황금이라는 뜻까지 갖게 되었던 것일까? 또 금(金)이라는 한자는 무엇을 그린 것일까? 어떻게 만들어진 글자일까?

금(金)의 자형 유래에 대해서는 여러 가지 주장이 있으나, '청동'이라는 뜻 등과 연계시켜 볼 때 이는 청동 기물을 주조하기 위해 만든 틀, 즉 '거푸집'의 모양을 형상한 것임은 분명해 보인다.

아쉬운 것은, 갑골문은 물론 금문에서조차도 금(金)자가 독립적으로 등장하지 않는다는 점이다. 그러나 다행스럽게도 금(金)으로 구성된 글자들은 찾아볼 수 있다. 鑄(부어 만들 주)나 割(벨 할)을 보면 금(金)이 무엇을 그렸는지 쉽게 이해된다.

주(鑄)는 그림에서처럼 두 손으로 청동을 녹인 쇳물을 담은 용광로를 뒤집어 거푸집(金) 위로 붓고 있는 모습이다. 청동기물을 주조하고 있는 모습을 형상적으로 그린 글자이다. 또 할(割)은 금문 자형에서 왼쪽이 거푸집(金)처럼 생겼고 이 거푸집을 칼(刀)로 자르는 모습이다. 이는 여러 조각으로 된 황토 거푸집을 줄로 묶고 녹인 청동 쇳물을 부은 다음 굳은 후 묶어 놓았던 줄을 자르는 모습이다. 이로부터 할(割)에는 '베다', '자르다'는 뜻이 나왔고, 분할(分割), 할거(割據), 할인(割引), 할부(割賦), 할복(割腹) 등의 어휘를 만들어 내었다.

금(金)의 옛날 자형에서 볼 수 있는 거푸집 주위의 여러 점은 청동의 재료인 원석을 상징하는데, 이후 두 점으로 확정되었다. 이후 진(秦)나라 때의 소전체에 들면서 두 점이 거푸집 안쪽으로 이동하여 금(釜)으로 되었고, 자형이 조금 변해 지금의 금(金)이 되었다.

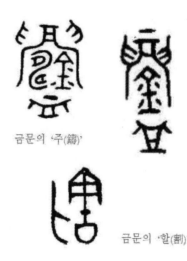

금문의 '주(鑄)'

금문의 '할(割)'

3. 중국의 청동기 시대

중국 문명사에서 청동시대는 매우 중요한 자리를 차지한다. 은(殷)나라 하면 갑골문이 먼저 떠오르지만, 사실은 대단히 수준 높은 청동기들이 대량으로 만들어졌던 시기이다. 갑골문은 상나라 후기, 즉 은나라 때로 한정되지만, 청동기는 그 보다 훨씬 더 올라가 상나라 중기, 심지어 초기까지 올라가는 것도 있다.

청동은 황동(구리)에 주석과 납과 아연 등을 적당한 비율로 섞어 용해점을 낮추고 강도는 높인 합금물이다. 순수 구리가 1000도 이상에서 녹는 반면 청동은 700~900도에서도 녹는다. 주석이 10% 정도만 들어가도 강도는 홍동의 4.7배로 높아진다. 주석 등이 들어가 원래의 구리 색이 청회색을 띠게 되기에 '청동(青銅)'이라는 이름이 붙여졌다.

수준 높은 청동기를 대량 생산했던 은나라

이런 청동이 발명됨으로써 인류는 석기 시대와는 전혀 다른 문명으로 진입하게 된다. 스탈린(Joseph Stalin, 1879~1953)의 말처럼, 도구의 혁명으로 생산량은 급증했으며 대량의 살상 무기가 만들어져 상대를 지배함으로써 계급도 생겨났다. 이는 국가가 형성되는 토대를 만들었고, 국가가 탄생하자 늘어난 각종 사무의 효율적인 관리를 위해 문자도 출현했다. 인류사에서 일어난 엄청난 혁명이 아닐 수 없다. 중국은 언제쯤부터 청동기가 만들어졌고 청동기 시대에 진입했던 것일까?

중국의 고고학적 성과들을 종합해 보면, 중국 서부 섬서성 강채(姜寨) 유적지(B.C. 4700)에서는 홍동, 즉 합금이 되지 않는 순수한 구리 조각이 발견되어 당시에 이미 구리의 제련에 성공하였음을 보여준다. 그 뒤를 이어 서안 반파(半坡) 유적지(B.C. 4500)에서는 합금이 된 청동 조각이 출토되었고, 서북 지역 감숙성 일대의 마가요(馬家窯) 문화 유적지(B.C. 3000)에서 청동 칼(구리 65%, 납 6%, 주석 2%, 아연 25%)이 발견되어 초보적인 청동 제작이 이루어졌던 것으로 보인다. 그리고 산동성 용산유적(B.C. 23~20세기)에서는 청동 송곳이 발견되어 청동기가 일반 도구로 확대되었고, 용광로까지 발견되어 청동기 제작이 대량으로 이루어졌음을 확인해 주었다. 이를 거쳐 하남성의 이리두(二里頭) 문화(약 B.C. 2000)에 들면 진정한 의미의 청동기 시대에 진입했다고 보아도 무방할 것이다. 바로 하(夏)나라 때의 유적지인데, 중국 최초 국가의 등장과 맥을 같이 한다.

중국은 청동기 문화가 매우 발달했던 나라이다. 그것은 1976년 은(殷)나라 때 부호(婦好)라는 젊어서 죽은 한 왕비의 무덤에서 청동기만 무려 468

'사모무정(司母戊鼎)'. 상나라 후기. 중국국가박물관 소장. 1939년 하남성 안양 은허에서 출토되었다. 중일 전쟁으로 일본의 수탈을 막고자 주민들이 숨겨 묻어 놓았다가 종전 후 1946년 다시 출토 되었다. 크기 133*112*79.2센티미터, 무게 832.84킬로그램이며, 황동 84.8%, 주석 11.6%, 아연 2.8%로 구성되었다.

점이 쏟아져 나온 것만 보아도 알 수 있다. 상(商)나라 왕도 아니고 임금의 여럿 있는 아내 중 한 사람일 뿐이었는데 말이다. 지금으로부터 3300년 전, 당시의 생산력으로 보았을 때 청동기 한 점 한 점이 어마어마한 비용을 지불해야 할 보물이었다.

뿐만 아니다. 은허에서 발견된 상나라 후기 때 만들어진 「사모무정(司母戊鼎)」이라는 청동 솥은 무게가 832.84킬로그램이나 된다. 실제 기물의 중량만 그러니, 이를 만드는 데 든 청동은 족히 1.2톤은 되어야 했을 것이다. 최고 질 좋은 동(銅)의 원석이라고 해도 순 함량이 5%를 넘지 않으니, 이 기물을 만드는데 최소 60톤 정도의 원석이 필요했을 것이다. 3천3백 년 전의 고대사회에서 이러한 엄청난 양의 원석을 녹이고, 그와 동시에 쇳물을 만들어 솥 하나를 만들려면 얼마나 많은 공력과 비용이 필요했을까? 솥의 제작에 동원된 장인들만 해도 약 200~300명에 이를 것으로 추정하고 있다. 대공정 그 자체였다.

이런 전통은 상나라에 한정되지 않았다. 상을 이은 주(周)나라도 이러한 청동제기를 수도 없이 만들어냈다. 지금까지 발견된 명문을 가진 주나라 이전의 청동기만 해도 무려 2만여 점이 넘는 것으로 알려졌다. 특히 주나라는 철저한 봉건제를 시행하면서 청동기는 더더욱 신분과 권력의 상징이 되었다. 천자국은 천자국대로, 제후국은 제후국대로, 귀족들은 귀족들대로 서로 앞다투어 진귀한 청동기를 만들었다. 주나라 후기 전국(戰國)시대에 들면서 제후들의 각축이 심해지자 이러한 경향은 더욱 심해졌다. 왜 이런 엄청난 공력을 들이고 비용을 써 가며 청동 솥을 제작했던 것일까?

2001년 작고한 중국 고고학의 대부 하버드 대학 장광직(張光直, K-C Zhang,) 교수에 의하면, 중국의 청동시대는 중국 역사에서 매우 특징적인 중요한 시기이며, 다른 세계의 청동시대와는 달리 청동으로 도구를 만들어 내부의 생산력을 높이고 무기를 만들어 외부의 재화를 획득하는 데 쓴 것이 아니라, 신을 모시는 제기를 만드는 데 사용되었다. 청동으로 만든 화려한 각종의 제기는 통치자의 권위로 기능을 하여 정치권력의 하나가 되었고 권

中国 청동기 모음. 미국 뉴욕 메트로폴리탄 박물관 소장. 술잔에 속하는 것으로, 고(觚 gū), 작(爵 jué), 가(斝 jiǎ) 등이, 술그릇으로 화(盉 hé), 유(卣 yǒu), 준(尊 zūn) 등이, 음식그릇으로 정(鼎 dǐng), 력(鬲 lì), 궤(簋 guǐ) 등이 보인다.

력을 장악하는 상징물로, 권력에 의해 내외부의 재부를 획득하는 도구의 하나로 역할 했다고 했다(『중국청동기시대』).

그랬다. 고대의 신화, 미술, 제사, 문자가 다 그러했듯, 상상을 뛰어넘는 고대 중국의 청동제기는 모두 권력을 장악하기 위한 수단이었던 것이다. 그 화려함과 장중함으로부터 신과 교통하는 권위를 부여받고, 이를 통해 지상의 권력과 부와 명예를 장악했던 것이었다. 이처럼 중국에서 청동기는 권위와 권력의 상징이자 그것을 획득하는 수단이었다. 그 때문에 그들은 새로운 발명품 청동기로 무기나 생산도구를 만드는 대신 제기를 더 많이 만들었다. 서구나 다른 문명에 비해 특이한 현상이 아닐 수 없다. 중국을 '청동기의 제국'이라고 부르는 이유도 여기에 있다.

4. 세계사를 바꾼 황금, 제국의 탄생

사실 황금은 인류가 사랑한 가장 훌륭한 금속의 하나였다. 영원히 변하지 않는다는 특징과 금이 갖는 환금성, 그리고 여명처럼 찬란한 색깔, 나아가 밝음과 태양을 연상시키고, 불후(不朽), 예지(叡智), 고귀(高貴), 명예(名譽), 초월(超越), 부(富) 등을 상징하여 여러 문명에서 인류의 사랑을 받아왔다.

황금은 하느님이 보내준 천사로도 불려

영어에서 '금'을 뜻하는 'gold'는 황금색에서 왔고, '금'을 뜻하는 원소기호 Au는 라틴어 'Aurum'와 'Aurora'에서 왔는데, '찬란한 여명'을 뜻하는 것으로 알려졌다. 황금색이 주는 신성함과 고귀함을 반영한 단어이다. 또 멕시코의 아즈텍어에서 황금을 뜻하는 'teocuitlati'는 '하느님이 보낸 천사'라는 뜻이 있다고 한다. 황금에 대한 찬사가 이보다 더할 수 있을까?

그러나 이런 특성과 상징을 가진 '금'은 세계의 역사를 바꾼 중요한 힘의 하나로도 지목받고 있다. 서구의 식민지 건설과 제국의 형성에 '금'이 큰 자리를 차지하고 있기 때문이다.

알다시피 대항해 시대를 열었던 콜럼버스가 찾고자 했던 것도 향신료와 함께 '금'이었다. 그가 마르코 폴로의 『동방견문록』에 기록되었던 동양의 풍요와 '황금의 나라'로 기록되었던 지방구(Japan)를 찾아 나섰던 의외의 결과가 신대륙의 발견이었다. 산타마리아호를 타고 아메리카를 발견했을 때도 그는 여전히 그곳이 인도라고 착각하고 있었다. 그가 처음 도착했던 섬들을 서인도제도, 거기에 살던 원주민들을 인디언이라 부르게 된 것도 여기에 연유한다.

그러나 그들은 금을 찾는 데는 실패했다. 진정한 금의 발견은 엄청난 금이 있다는 이야기를 듣고 1518년 멕시코로 원정을 떠난 스페인의 에르난도 코르테스(H. Cortés)에 의해서이다. 그들은 1521년 멕시코 중앙고원을 중심으로 번영했던 아스텍(Azteca)왕국을 정복해 대량의 금제품을 약탈하여 막대한 금을 유럽인에게 선물하였다. 20년 후에는 프란시스코 피사로(F. Pizarro)가 페루, 에콰도르, 칠레에 거쳐 있었던 잉카제국을 정복하는 등, 일련의 과정들이 이루어져 식민지 건설이 가속화 되었다. 제국들의 식민지 건설을 중심축으로 세계질서가 부단히 바뀌며 세계사를 바꾸어갔다.

미국에서도 마찬가지 일이 일어났다. 특히 1848~1849년 캘리포니아주(州)에서 발견된 금을 채취하기 위해 사람들이 서부로 몰려든 '골드러시'와 서부 개척은 미국 정신을 탄생시켜 오늘날의 세계 강국을 낳게 된다. 서부로 몰려든 개척자들의 개인주의, 민주주의, 낙천주의, 애국심, 반지성주의 등이 미국 고유의 정신들을 형성했던 것이다.

제국들의 처참한 수탈지가 되고 말았던 조선반도

한국도 제국의 수탈을 피해갈 수는 없었다. 1895년 한국에서 가장 질좋은 금광으로 알려진 평안북도 운산(雲山) 금광의 채굴권이 미국의 사업가 모스(J. R. Morse)에게 넘어갔다. 이를 시발로 이듬해 러시아는 경원의 경성 광산, 1897년 독일은 강원도의 당현 금광 채굴권을 가져갔다. 그리고 그 뒤를 이어 영국은 평남의 은산금광, 일본은 직산 금광, 프랑스는 평북의 창성 금광, 이탈리아는 평북의 후창 금광 채굴권 등을 줄줄이 가져갔다. 이에는 1860년대부터 새로운 금광이 발견되지 않아 1870년대 금값이 세계적으로 폭등하고 있었던 배경도 한몫했을 것으로 보인다(강준만, 『미국사산책(4)』). 그야말로 극동의 한구석에 조용히 남아 있던 조선반도조차도 제국들의 처참한 수탈지가 되고 말았다.

"캐내려 하는 광물이 많이 묻혀 있는 광맥"이나 "손쉽게 많은 이익을
얻을 수 있는 일감을 비유적으로 이르는 말"인 '노다지'도 이 수탈과정에서
생겨난 것으로 알려져 있다. 광부들이 금맥을 캐는 과정에서 광맥이 발견되
면 영어로 '노터치(not touch), 노터치(not touch)'라고 불렀던 말을 오해해서
'금맥'이라고 여겼다는 데서 나왔다는 것이 일반적인 견해이다. 손대지 말아
야 할 것은 금맥이 아니라 조선반도였는데도 말이다.

▌ 운산금광 전경. 평안북도 운산군 북진읍에 있던 한국 최대의 금 광산이다.(『
　민족문화대박과사전』)

5. 성(性)과 국호로 사용된 금(金)

필자가 살고 있는 부산 옆에 김해(金海)라는 곳이 있다. 김해 공항이 있어 잘 알려진 이곳은 한국 최대의 강 낙동강의 하구로 바다와 맞닿아 있고 기름진 평야를 갖고 있어 예로부터 사람이 살기 좋은 땅이었다. 이곳에서 세워진 최초의 국가가 '금관(金冠) 가야(伽耶)'이다. 가야가 성장했던 이 지역은 '쇠의 바다'라는 김해(金海)라는 지명이 말해주듯, 철을 매개로 성장했던 고대 국가다. 금관(金冠)도 그 자체가 최고를 뜻하기도 하지만, '쇠(金)의 으뜸(冠)'이라는 뜻을 품었을 수도 있다.

철의 왕국 가야, 해상실크로드 구축했던 듯

가야는 최근에 들어 학계의 주목을 받고 있는데, 오늘날 우리가 생각하던 모습보다는 훨씬 확장된 영역을 살았고, 남방적 성격이 강해 한국 문명의 정체성에 관한 기존의 북방 중심 이외의 특성을 밝히는데 중요한 역할을 할 수 있기 때문이다. 혹자는 그 중요성을 강조하여 우리의 고대사도 고구려, 백제, 신라의 삼국사가 아닌 가야가 포함된 '사국사'가 되어야 한다고 주장하기도 한다.

실제로 김해 지역의 금관가야는 물론, 함안 지역의 아라가야, 고성 지역의 소가야, 창녕 지역의 비화가야, 고령 지역의 대가야, 성주 지역의 성산가야, 상주 지역의 고령가야 등 경상남북도 전체를 포함한다. 게다가 최근에는 전라도의 장수 지역에서도 중요한 유적이 발견되어, 가야문화권이 전라도 지역까지 확장되었던 문명권이었음을 알게 해 준다.

'철의 왕국'이라 불리 가야, 이들은 '철'이라는 새로운 발명품을 매개로 바다 건너 일본과 중국의 장강 이남 백월(百越) 지역과 환(環) 황해권, 나아가 인도차이나 반도까지 해로로 이어진 '해상실크로드'를 통해 해양 문화권을 구축하며 살았을 것으로 추정된다. 이 때문에 한국 문명이 북방계 외에도 남방계의 문명이 더해 형성된 복합적 문명이었을 가능성도 높아 가고 있다.

　한국의 성씨 중 최고의 대성인 김씨(金氏) 또한 금관(金冠)가야와 관련되어 있다. 김해 김씨는 김해(金海)에서 탄생하고 성장한 가락국의 시조인 수로왕(首露王)으로부터 그 성씨가 시작되었으며, 그 출발이 '쇠의 바다' 김해와 연이 닿아 있기 때문이다. 또 경주 김씨는 신라의 김알지(金閼智)를 시조로 한다. 『삼국사기』에 의하면 김알지는 65년 경주 계림에서 소나무에 걸려 있던 금 궤짝에서 나왔다고 하여 탈해왕이 김(金)이라고 성씨를 지어 주었다고 한다. 모두 쇠나 황금과 관련되었다.

　그런가 하면 중국에서는 금(金)이라는 왕조가 세워지기도 했다. 여진족이 세웠던 나라로 1115년부터 1234년까지 약 120년 간 존속했던 나라이다. 그들은 왕조를 건립하고 국호를 대금(大金)이라 하였다. 이는 영원히 변치 않는 금(金)처럼 나라의 운명이 영원하길 바랐다는 뜻을 반영했다고도 하고, 그들이 처음 성장했던 곳이 금이 많이 나는 강이라는 뜻의 금수(金水)였기 때문이라고도 한다. 그들이 발원했던 지역이든 황금처럼 영원히 변치 않기를 바랐던 염원이든, 금(金)이라는 국호도 황금과 직접 닿아 있다.

6. 황금에 취한 인간

이처럼 황금은 인간 역사에서 대단히 매력적이고, 최고로 귀한 존재로 대접을 받아왔지만, 돌이켜 보면 그보다 더 위험하고, 더 추악한 것도 없어 보인다. 끝없는 인간의 탐욕과 결합하여 모든 인간들은 스스로 기꺼이 황금의 노예가 되고 말았다. 극단적 자본주의를 사는 우리는 더욱 그 극점에 서 있다.

식민지 개척을 위해 미국으로 팔려갔던 아프리카의 노예들, 아득한 옛날 일 같지만 사실 그리 오래된 일도 아니다. 그들을 '검은 황금'이라 불렀다. 이렇게 잔인하다. 인간을 한 푼 돈으로 계산했던 것이다. 돈 앞에서, 황금 앞에서, 자본 앞에서 그렇게 굴욕적이며 동물적일 수가 없다. 인간이 토해낸 물욕, 돈에 대한 숭배, 그것은 '황금'에 대한 욕망에 다름 아니다. 어느 네티즌의 말이 무척 와 닿는다.

> "그 누런 황금을 캐기 위해서, 눈에 핏발이 서고, 손이 무르고, 발이 부르트는 사람들. 모든 사람들이 그 와중에 있고, 나도 그 중 하나이다. 오늘도, 황금냄새를 맡고 황금빛에 취하다가, 피곤에 눈까풀이 파르르 떨린다."(해도지, 「황금의 노예」)

브라질의 셀라 펠라다 금광 모습. 금을 캐기 위해 스스로 노예가 된 인간의 군상을 잘 포착했다. 브라질의 다큐멘터리 사진작가 세바스티앙 살가도(Sebasti o Salgado, 1944~)의 작품.

17-1	쇠 **금** 성 **김**	金	jīn

金文

古陶文 　簡牘文

古璽文 　石刻古文

說文小篆 　說文古文

중국은 청동기 문명이 극도로 발달한 나라이다. 상나라 때에 이미 그 귀한 청동 기물들이 수도 없이 만들어졌고, 그전 하나라 때의 유물도 일부 보이는 것으로 보아 청동기의 제작은 오랜 역사를 갖고 있다. 뿐만 아니라 중국의 청동기 제작은 사구의 失蠟法(실납법)과는 달리 진흙 거푸집을 사용한 주조법으로 중국적 독자성도 가진다.

金은 지금은 '쇠'의 총칭이나 황금의 뜻으로 더 많이 쓰이지만 사실은 청동기를 지칭하던 말이었다. 金이 무엇을 그렸는지는 의견이 분분하지만, 청동 기물을 제조하는 거푸집을 그렸으며, 거푸집 옆의 두 점(冫·빙, 氷의 원래 글자)은 청동의 재료인 원석을 상징하는 것으로 알려졌다. 이는 얼음(冫)이 녹아 물이 되듯 동석을 녹여 거푸집에 붓고 이를 굳혀 청동 기물을 만들어 낸다는 뜻을 담았을 것이다. 소전체에 들면서 두 점이 거푸집 안으로 들어가 지금의 자형이 되었다.

세계의 그 어떤 지역보다 화려한 청동기 문명을 꽃피웠던 중국이었기에 청동 거푸집을 그린 金이 모든 '금속'을 대표하게 되었고, 청동보다 강한 철이 등장했을 때에도 '쇠'의 통칭으로, 나아가 가장 값비싼 금속으로, 또 黃金(황금)은 물론 現金(현금)에서처럼 '돈'까지 뜻하게 되었다.

18

옥(玉): 왕(王)이 된 옥(玉)

5德 갖춘 무결점의 화신 군자와 나라의 상징으로

단지 아름다움 넘어 타인 존중하거나 임금 지칭하는 의미로도
죽은 이가 다시 태어나 영원한 삶 살기를 바라는 마음도 담겨

┃ 곤륜 산맥 최고봉인 공걸봉(公格爾峰). 해발 7649미터. 곤륜산은 중국인들
에게 '모든 산들의 시조', '용맥(龍脈)의 시조'라 불리는 정신적 중심이다.(사
진: 월간중앙)

1. 옥출곤강(玉出昆崗)

"금생여수(金生麗水), 옥출곤강(玉出昆崗)."
"금은 여수에서 생산되고, 옥은 곤강에서 나온다네."

금(金)에 대해서는 앞에서 설명했다. 이번에는 그에 이어 옥(玉)을 설명할 차례이다.

『천자문』에서 옥이 나온다고 한 곤강(昆崗), 여기서 곤(昆)은 곤륜산(崑崙山)을 말하고, 강(崗)은 그물처럼 얽혀진 '산언덕'을 뜻한다. 따라서 곤강(昆崗)은 구체적 지명이라기보다는 '곤륜산맥' 정도로 해석될 수 있을 것이다.

곤륜산은 중국의 신화에서부터 등장하여 '서왕모(西王母)'가 산다고 전해지는 중국 최고의 신령스런 신성한 산이다. 네팔 고원의 동부에서 시작하여 신강(新疆)과 티베트(西藏) 사이로 해서 청해(靑海)성까지 이어지는, 2500킬로미터 길이에 130~200킬로미터 너비의 중국 서부 최대 산맥이다. 최고봉은 7649미터 높이의 공걸봉(公格爾峰)으로, 해발 5500~6000미터 높이의 산들이 이어지는 엄청난 산맥이다. 그래서 중국인들은 이를 '모든 산들의 시발이자 근원', 중국의 상징 '용(龍)', 그 '맥(脈)'이 시작되는 곳이자 부르기도 한다.

이곳은 예로부터 옥의 명산지였다. 우리가 잘 알고 있는 '완벽(完璧)'이라는 고사의 배경이 된 화씨벽(和氏璧)의 산지이기도 하다. 벽(璧)은 옥중에서도 임금의 상징하는 크고 둥글게 만들어진 옥의 일종이다. 이 옥을 완전하게 가져왔다는 뜻의 완벽(完璧), 지금은 결점 없는 완전함을 뜻한다.

이외에도 중국에는 옥의 산지로 꼽히는 유명한 곳이 많다. 대표적인 곳이 신강성의 화전(和闐), 요녕성의 수(岫), 하남성의 독(獨), 섬서성의 남전(藍田) 등이 특히 유명하다. 역사서에도 회자되는 화전옥(和田玉), 수암옥(岫岩玉), 독산옥(獨山玉), 남전옥(藍田玉) 등이 그것이다. 특히 요녕성에서는 지금으로부터 약 8천 년 전의 신석기 초기 유적에서 진정한 의미의 옥이 발견되었는데, 세계사에서도 가장 초기 작품으로 꼽힌다. "군자는 특별한 일이 있지 않는 한 옥을 몸에서 떼지 않는다(君子無故, 玉不離身)"라고 한『예기』의 말처럼 일찍부터 옥은 중국인들에게 뗄 수 없는 존재였다. 어떻게 해서 그렇게 되었을까?

『천자문』(예일대소장본)(사진: 장서각)

2. 옥(玉)의 어원과 상징

옥은 보통 경도가 5.5 이상 되는 것을 말하는데, 경도가 강해질수록 귀하게 여겼다. 경도가 5.5~6 이면 연옥, 6.5~7이면 경옥으로 분류한다. 또 색깔과 무늬와 희귀 정도에 따라 귀함이 정해진다. 그중에서도 중국에서는 경도가 7 정도 되는 경옥으로 에메랄드그린 색을 가진 '비취(翡翠)'를 특별히 귀하게 여기고 좋아했다. 경도고 높고, 색깔도 특이하고, 중국이 아닌 미얀마 지역에서 생산되어 희귀성이 높았기 때문일 것이다.

대만의 고궁박물원을 가본 사람들이라면 그들이 특별히 자랑하는 소장품을 기억할 것이다. 바로 청나라 때 만들어진 '비취로 만든 배추'인데, 이는 중국인들의 옥 사랑을 잘 보여준다. 그 귀하디귀한 비취옥으로 실제 배추 크기로 조각한 작품이다. 그 위에 앉은 메뚜기 한 마리까지 함께 조각했다. 청나라 덕종(德宗) 광서제(光緖帝)의 후비였던 근기(瑾妃)가 시집올 때 가져 온 것으로 알려져 있다. 크기도 크기지만 실제 배추처럼 줄기는 조금 흰색이고 잎은 초록색으로 되었으며, 배추의 가는 결은 물론 배추 잎에 앉은 메뚜기 다리의 털까지 섬세하게 조각되었다. 어디서 저런 재료를 찾았으며, 어떻게 저 단단한 옥을 저렇게 섬세하게 조각했던 것일까? 어찌 그 정성에 감동하지 않을 수 있었겠는가? 게다가 혼수품임을 고려하여 순결을 상징하는 배추와 다산을 상징하는 메뚜기를 만들어 넣은 것으로 알려져 있다. 원래 북경 자금성의 영화궁(永和宮), 즉 근기(瑾妃)의 처소에 있던 것인데, 장개석 정부가 1949년 대만으로 후퇴할 때 가져갔다. 최상의 재료와 최고의 기술과 멋진 상징이 하나로 합쳐진 걸작 중의 걸작이다.

'비취옥으로 만든 배추'. 길이 18.7센티미터, 너비 9.1센티미터, 두께 5.0센티미터. 18~19세기. 대만 고궁박물원 소장.

오른쪽이나 양쪽으로 점 남겨 왕(王)자와 구분

옥(玉)과 왕(王)의 자형 변화표	
옥(玉)	₹₹Ⅰ甲骨文 王金文 王古陶文 王王貨幣文 珤丟簡牘文 王說文小篆 珤說文古文
왕(王)	大杰土王王玉甲骨文 王金文 王王古陶文 王簡牘文 王貨幣文說文小篆 玉說文古文

　사실, 갑골문에서만 해도 옥(玉)자는 여러 개의 옥을 실로 꿴 모습을 그대로 그렸다. 원시 사회에서 목걸이나 장식용으로 쓰기 위해 그랬던 것을 형상화 했던 것일 것이다. 그러다 금문 이후 王(왕 왕)자와 형체가 비슷해지자, 오른쪽에 점을 하나 더하거나 양쪽으로 점을 남겨 왕(王)자와 구분했다. 초기 한자에서 옥(玉)은 장식용으로 쓰이는 귀한 '옥'이라는 초기의 의미 외에는 별다른 상징이 보이지 않는다. 그러나 좋은 돌에 불과했던 '옥'을 엄청난 문화상품으로 승화시킨 것은 후대의 철학서들이었다. 특히 한나라 때의 허신(許愼)이 지대한 역할을 했다. 그는 최초의 한자 어원사전 『설문해자』에서 이렇게 말했다.

> "옥의 아름다움은 다섯 가지 덕(德)을 갖추었다. 윤기가 흘러 온화한 것은 인(仁)의 덕이요, 무늬가 밖으로 흘러나와 속을 알 수 있게 하는 것은 의(義)의 덕이요, 소리가 낭랑하여 멀리서도 들을 수 있는 것은 지(智)의 덕이요, 끊길지언정 굽혀지지 않는 것은 용(勇)의 덕이요, 날카로우면서도 남을 해치지 않는 것은 결(潔)의 덕이다."

　옥에 대한 찬미가 이보다 더할 수 있을까? 허신의 찬미처럼 옥은 겉에서도 속을 볼 수 있기에 '정의로운' 덕성을 가졌다고 했는데, 겉 무늬와 속 무늬가 다르지 않아 겉과 속이 같기 때문이다. 겉과 속이 같다는 것은 남을 속이지 않고, 언제나 속과 겉이 일치하는 정직하고 정의로움의 상징이기 때문이다.

물론 이러한 스토리텔링을 통한 찬사가 그에 의해 처음 만들어진 것은 아니었다. 이보다 조금 이른 시기에 만들어졌을 것으로 생각되는 『예기』에서도 매우 적극적으로 찬미했다. 아예 옥을 군자의 덕에다 직접적으로 비유할 수 있다고 하면서 이렇게 말했다. "저절로 부드러운 윤기가 흐르고 광택이 나는 것은 인(仁)의 상징이고, 섬세함과 견고함은 지(知)를 나타내고, 모가 나 날카롭지만 상처를 입히지 않는 것은 의(義)의 상징이고, 구슬을 꿰어서 아래로 늘어뜨리는 것은 겸허의 의미로 예(禮)를 상징하고, 두드려서 나는 소리는 멀수록 더 맑게 더 길게 이어지고 끝날 때까지 남는 여운은 악(樂)을 상징한다. 티가 있어도 아름다움을 가리지 않고 아름답다고 해서 티를 가리지도 않으므로 충(忠)의 상징이다. 안에서 나오는 광채가 표면에 골고루 투과되는 것은 믿음(信)의 상징이다. 옥에서 나오는 무지갯빛과 같으므로 하늘(天)을 상징한다. 산천에서 정기를 나타내므로 땅(地)의 상징이다. 규(圭)와 장(璋) 같은 옥은 특별히 천자의 명을 전달하므로 덕(德)의 상징이다. 이 세상 모두가 귀하게 여기므로 도(道)의 상징이다." 유가사상에서 군자가 가져야 할 도덕규범이었던 인(仁), 지(知), 의(義), 예(禮), 악(樂), 충(忠), 신(信), 덕(德)은 물론 하늘과 땅을 뜻하고 나아가 도(道)의 상징으로까지 승화시켰다.

이렇게 철학적 승화를 거친 옥은 이 세상의 그 어떤 물건에도 비견될 수 없는 존재가 되었다. 이는 『설문해자』의 오덕(五德), 『관자』의 구덕(九德)과 함께 『예기』의 십덕(十德)이라 불리면서 인구에 회자되었다. 그리하여 옥은 군자가 몸에 항상 지녀 그 정신을 새기고 또 새겨야 하는 규범이 되었고, 중국인들은 팔에는 옥팔찌를 끼고 귀에는 귀고리를 목에는 목걸이를 달고 몸에는 패옥을 차, 옥의 이러한 정신을 되새겼을 것이다. 『시경』에도 군자를 옥에 비유한 노래가 자주 보인다.

'양저(良渚) 시대 옥기. 옥종(玉琮)'. 상해박물관 소장.

중국인들 8000년 전부터 숭배한 보석

사실, 중국인들의 옥에 대한 숭배 전통은 매우 이른 시기까지 거슬러 올라간다. 중국 장강 하류, 절강성 태호(太湖) 주위에 분포한 양저 유적에서는 정교한 옥 제기가 다수 발견되었는데, 이 유적은 지금으로부터 약 5300~4300년 전의 신석기 후기 유적지이다. 특히 원통 모양의 종(琮)이라 불리는 옥기는 겉은 네모로 되었고 안은 둥근 모습이다. 이는 밖이 땅을 상징하고 안이 하늘을 상징하는 것으로 알려져, 천지 신께 제사를 드릴 때 쓰는 제의용 옥기이다. 옥의 숭배가 일찍부터 이루어졌음을 보여준다.

그래서 옥은 중국인들에게 珍(보배 진)에서처럼 단순한 보석을 넘어서 더없이 보배로운 길상(吉祥)의 상징이었는데, 그것은 '옥의 무늬가 드러나다'는 뜻을 가진 現(나타날 현)에서처럼 옥의 아름다운 무늬 때문일 것이다. 이 때문에 옥은 몸에 걸치는 장신구는 물론 신분의 상징이자 권위를 대신하는 도장(璽·새)의 재료로 쓰였으며, 때로는 노리개로, 심지어 시신의 구멍을 막는 마개로도 쓰였다.

더 나아가 옥은 중요한 일이 있을 때의 상징 예물로도 사용되었다. '순자'의 말처럼, 사자를 파견할 때에는 홀(珪·규)을, 나랏일을 자문하러 갈 때에는 둥근 옥(璧·벽)을, 경대부를 청해올 때에는 도리옥(瑗·원)을, 군신관계를 끊을 때에는 패옥(玦·결)을, 유배당한 신하를 다시 부를 때에는 환옥(環·환)을 사용함으로써, 옥 모양에 따라 사안의 상징성을 표현했다.

3. 옥(玉)의 의미 확장

우리의 옥편에서는 옥(玉)을 어떻게 풀이했을까? 『훈몽자회』에서는 '옥 옥'이라고 했고, 『전운옥편』에서는 '옥'이라고 하면서 뜻에는 보옥, 사랑하다, 이루다 등의 뜻이 있다고 했다. 『자류주석』에서는 『설문해자』의 오덕을 인용했고, 옥(玉)자에 든 점의 위치에 따른 이체자의 차이에 대해 설명했다. 『신자전』은 『전운옥편』과 별 차이를 보이지 않고, 예문을 더했다.

이렇게 본다면, 한국에서 쓰인 옥(玉)의 뜻은 '옥'이 기본 의미이고, '사랑하다', '이루다'는 의미를 주된 의미로 보았다.

훈몽자회(訓蒙字會)	옥[옥]	俗呼白玉, 羊脂玉, 菜玉.
전운옥편(全韻玉篇)	[옥]	寶玉, 陽精之純, 溫潤而澤, 君子比德. 又愛也, 成也. 沃.
자류주석(字類注釋)	옥[옥]	石之美者, 有五德. 陽精之純, 寶玉. 玉字點在下畫旁, 寶玉也. 王點上畫宠, 王工也. 今通作, 又巢古.
신자전(新字典)	[옥]	寶玉, 石之美者. 옥. ○愛也. 사랑할. 『詩』: 王欲玉汝. ○成也. 일을. 張載銘 : 玉汝于成. 沃.

그러나 우리 어휘에는 옥의 상징이 더욱 다양하게 남아 있다. 개결함, 훌륭함, 아름다움을 넘어서 남을 존중하거나 공경하여 높이는 말로도 쓰였고, 이전 사회에서 최고의 지존을 지칭하는 임금의 상징어로 쓰였다.

예컨대 옥황(玉皇)은 옥황상제의 줄임말로 주로 도가에서 '하느님'을 일컫고, 옥새(玉璽)는 임금의 도장으로 국권의 상징이며, 옥엽(玉葉)은 옥으로 된 가지라는 뜻으로 임금의 가문이나 문중을 존대하여 이르는 말이다. 모두 '임금'을 뜻하여 최고의 존재를 말한다.

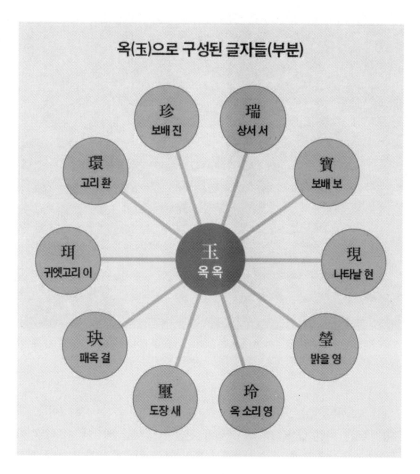

옥(玉)으로 구성된 글자들(부분)

珍 보배 진

瑞 상서 서

環 고리 환

寶 보배 보

珥 귀엣고리 이

玉 옥 옥

現 나타날 현

玦 패옥 결

瑩 밝을 영

璽 도장 새

玲 옥 소리 영

　　이런 극존중은 임금에게 한정되지 않고 사대부로, 일반 민간으로 전해져 상대를 존중하는 말로 쓰이게 된다. 예컨대 옥용(玉容)은 상대의 얼굴을, 옥체(玉體)는 상대의 몸을, 옥함(玉函), 옥언(玉言), 옥음(玉音) 등은 '남의 편지'를 존중하여 지칭할 때 쓰인다. 그런가 하면 일반 사물에도 훌륭함을 더할 때에는 옥(玉)이 더해졌다. 예컨대, 옥식(玉食)은 맛나고 진귀한 음식을 말하며, 옥미(玉米)는 옥촉서(玉蜀黍)는 '옥수수'를 부르는 말인데 '맛난 수수'라는 의미에서 붙여진 이름이다.

중국 최초의 달 탐사차 옥토끼 호(玉兎號, Jade Rabbit). 2013년부터 2016년까지 총 972일 간에 걸쳐 임무를 수행했다.

또 옥토끼(玉兎)는 중국 신화에서 달에 산다고 전해지는 '토끼'이다. 옥토끼(玉兎)는 미인 항아(嫦娥)와 관련된 전설이다. 인간 세상에 어느 날 해가 10개나 동시에 뜨게 되자 상제께서 활의 명수 후예(后羿)를 보내 문제점을 해결하게 해 주었다. 그것이 중국신화에 등장하는 후예사일(后羿射日) 즉 후예가 9개의 태양을 활로 쏘아 떨어트린 이야기이다. 그 후예의 아내가 항아(嫦娥)였다. 인간세상의 영웅이 된 남편 후예와는 달리 남편과 세상으로부터 점차 소외되어 날로 고독해진 항아, 곤륜산에 산다고 전해지는 최고의 신 서왕모(西王母)로부터 받은 약을 혼자 먹은 죄로 보기에도 흉측한 두꺼비로 변해 천상으로 가지 못하고 달로 갔다는 전설이다. 이후 두꺼비가 옥토끼로 변했다. 이런 아름답고도 슬픈 신화 때문일까?

중국은 인류 최초로 최근 달의 뒷면까지 탐사하는 '우주 굴기'를 진행하고 있다. 달로 가는 우주탐사선의 이름이 항아호(嫦娥號)이고 달에 내려 탐사하는 탐사 차 이름이 옥토호(玉兎號)이다. 이걸 두고 중국의 현지 음을 존중해주어야 한다면서, '창어호'이니 '위투호'이니 하고 불러대니 도대체 무슨 이름인지 일반인들이 알 길이 없다. 한자음 표기의 원음주의를 채택할 때 원래 지향했던 근거가 주체성 확보였다. 그러나 이렇게 하는 것이 오히려 주체성을 손상하는 게 아닌가? 우리에게 옥토끼는 옥토이지 '위투'가 될 수 없고, 항아는 항아이지 '창어'가 될 수 없다. '위투'가 되고 '창어'가 되는 순간, 우리의 전통도 우리의 정체성도 우리의 자존심도 오히려 파괴되기 때문이다.

4. 약이 된 옥

이런 상징을 가진 옥, 그것은 이미 '돌'의 범주를 넘어섰다. 그것은 다른 문명권에서도 마찬가지였다. 영어권에서도 옥은 단순한 돌이 아닌 신비한 영험을 지닌 것으로 생각되었다.

서양에서도 신비한 영험 지닌 돌로 생각

예컨대, 영어로 옥(玉)을 뜻하는 'jade'는 'piedra de (la) ijada'(1560년경)에서 왔는데, '신비한 영험을 지닌 돌'을 뜻한다고 한다. 또 대항해 시절 스페인들이 멕시코에서 탈취해간 돌도 '옥'이었는데 처음에 그것은 '신장을 치료해 주는 신비한 돌'(stone of the side)이라고 불렸다. 멕시코 인들이 옥이 가진 치료 기능을 인식했었고, 특히 신장에 유용하다고 생각했던 때문이다.

중국에도 이러한 언급이 보인다. 전통 의학서인 『신농본초경(神農本草經)』에서 옥을 두고 "맛은 달며, 성질은 뜨겁거나(熱) 춥거나(寒) 따뜻하기나

(溫) 차지도(凉)도 않은 평화로운 성질을 갖고 있으며 독성이 없다."라고 했다. 그래서 옥을 핥거나 계속 접촉하거나 몸에 지니게 되면 "진액이 생겨 갈증을 멈추게 하고(能生津止渴), 위속의 열기를 제거하며(除胃中之熱), 번뇌로 가득한 기운을 평정시킨다(平煩懣之氣). 심장과 폐를 강하게 하며(滋心肺), 성대를 윤활하게 하며(潤聲喉), 모발을 잘 자라게 한다(養毛髮)."라고 했다.

먹으면 수명 연장된다는 속설도

이러한 인식 때문일까? 중국에서는 옥을 먹으면 수명을 연장할 수 있다는 속설도 전해진다. 뿐만 아니라, 옥으로 시신의 아홉 구멍 모두를 막았더니 시신이 썩지 않았다는 기록도 전한다. 한나라 때의 유흠(劉歆)이 짓고 진(晉)나라 때의 갈홍(葛洪)이 보완한 『서경잡기(西京雜記)』에 의하면 한나라 때의 제왕들은 장례 때 구슬로 만든 저고리와 옥으로 만든 갑옷(珠襦玉匣)을 입혔는데, 옥이 시신의 부패를 막아주고 다른 세상에서 다시 태어나게 해 준다고 믿었기 때문이라고 했다. 이러한 기록을 사실로 밝혀준 것이 '금루옥의(金縷玉衣)'이다. 즉 '금실로 꿰맨 옥 옷'이라는 뜻이다. 영원히 변치 않고 영원히 썩지 않는 것의 상징이리라. 1968년 하북성 만성(滿城)에서 서한 경제(景帝)의 아들 중산정왕(中山靖王) 유승(劉勝, 기원전 113년 사망)의 무덤이 발굴되었었다. 그의 부인 두관(竇綰)과 합장되었는데, 유승의 옥의에는 2,498편의 옥조각과 1.1킬로그램의 금실이, 두관의 옥의에는 2,160편의 옥조각과 700그램의 금실이 사용되었었다. 그리고 시신의 아홉 구멍 즉 두 눈과 두 귀, 두 개의 콧구멍과 입, 그리고 생식기와 항문을 모두 옥으로 막았다. 옥으로 만든 베개를 베고 있었고, 머리 갑옷 윗부분은 둥글고 가운데 구멍이 난 벽옥(璧玉)을 썼고, 시신 위에서는 패옥으로 장식되었다.

이런 '금루옥의'는 1983년에는 광동성 광주의 서한 남월문왕(南越文王)이었던 조매(趙眛)의 무덤에서, 1995년 강소성 서주(徐州)에서는 사한 때의 초왕(楚王)의 무덤에서, 1987년에는 하남성영성시(永城市)에서 서한 양공왕

죽은 이의 입에 넣던 옥인 반함(飯含). 주로 매미가 쓰였는데, 허물을 벗는 곤충의 상징인 매미를 통해 다른 세상에 태어나서 영세하기를 바랐을 것이다.

(梁共王) 유매(劉買)의 무덤 등에서 계속 발견되었다. 지금까지 발견된 것만 해도 20여점에 이른다.

옥으로 구멍을 막는 전통은 매우 이른 시기부터 시작되었던 것으로 보인다. 상나라 때의 무덤에서 입에 옥을 넣은 것이 많이 발견된다. 입에 넣는 옥을 반함(飯含)이나 함옥(玉琀)이라 하는데, 상나라 때는 옥으로 만든 매미(玉蟬), 누에(玉蠶), 물고기(玉魚), 관(玉管) 등이 많이 보이고, 춘추 전국시대 때에는 돼지(玉豬), 개(玉狗), 소(玉牛), 물고기(玉魚) 등이 많이 보인다. 그러나 역대 가장 많이 쓰였던 것은 매미였다. 매미는 허물을 벗는 곤충의 상징이다. 죽은 시신이 다른 세상으로 다시 태어나 영원한 삶을 살기를 바라는 마음에서 그랬을 것이다.

▍1968년 하북성 만성(滿城)에서 발견된 서한 경제(景帝)의 아들 중산정왕(中山靖王) 유승(劉
'금루옥의(金縷玉衣)'.

5. 보물에서 왕으로, 다시 나라가 된 옥

| 공주시 의당면 수촌리 백제 묘실에서 나온 목걸이. 흩어진 구슬 오른쪽으로 굽은 옥이 보인다.(사진: 월간중앙)

원래 옥(玉)과 왕(王)은 다른 글자였다. 옥(玉)은 꿰어 놓은 옥을 그렸고, 왕(王)은 왕의 권력을 상징하는 모자나 도끼를 그렸던 것이 지금의 왕(王)으로 변했다. 권위의 상징일 뿐인 모자나 도끼를 삼(三)과 세로획(|)으로 구성된 것으로 해석하여 천지인(天地人) 즉 하늘과 땅과 사람의 셋을 하나로 관통할 수 있는 존재로 철학적 의미를 부여한 것은 공자였다. 이후 허신의 『설문해자』에서는 공자의 이 말에다 "천하가 모두 귀의하는 존재"라는 말을 덧붙임으로써 왕(王)의 존재를 더욱 극화했다.

옥(玉)도 마찬가지였다. 『예기』와 『설문해자』 중국에서 특별한 의미를 가진 옥(玉)은 보물의 상징으로 여겨졌다. 그래서 보물을 뜻하는 보(寶)에 옥(玉)이 들었다. 집안(宀)에 옥(玉)과 돈(貝)이 가득한 모습을 그렸다. 부(缶)는 발음을 나타내는 요소이다. 보(宝)는 보(寶)의 속자인데, 옥(玉)과 돈(貝) 중에서 옥(玉)이 선택된 것은 그것이 더욱 귀하고 '보배로운'임을 말해 준다.

여기서 그치지 않는다. 나라를 뜻하는 국(國)을 줄여서 쓸 때도 국(国)으로 쓰기도 한다. 바깥을 둘러싼 囗(나라 국·에워쌀 위)은 성곽을 그려 한 나라의 '영역'을 뜻하는 것을 고려하면, 국(国)은 옥(玉)이 가득한 나라(囗)임을 형상했다. 옥(玉) 그 자체라기보다는 '보물'로 상징되는 모든 것을 뜻할 것이다.

국(國)의 이체자 중, 이와 비슷한 것으로 국(国)이 있다. 이는 '나라'가 왕(王)의 소유임을 천명했다. 국(国)자는 역대 중국에서도 많이 등장했고, 특히 조선시대의 속자에서 많이 사용되었다. 청나라 말 1851년에 건국한 태평천국 때에는 국(國)자 대신 정식으로 국(国)이 정식 국호로 쓰였다. '태평천국(太平天國)', 태평스런 하늘이 내려준 나라라는 뜻이며, 태평천국의 주인 홍수전의 나라임을 천명한 것이다. 그 후 60년의 세월이 지난 1911년 세워진 중화민국(中華民國)의 국호와 매우 대비를 이룬다. 민국(民國)은 국민이 세운 나라, 국민의 나라, 국민을 위한 나라라는 뜻이다. 이를 강조하기 위해 국(國)을 국(囻)으로 바꾸었다. 민(民)이 국(囗) 속에 들어 '민(民)이 주인 되는 나라'임을 천명한 셈이다. 그리하여 민국(民國)은 민국(民囻)이 되었다. 이렇듯 한자는 형체를 통해 해당 문자가 갖는 의미와 이미지를 마음대로 그려낸다. 이것이 한자의 장점이자 단점이기도 하다.

여하튼 이런 과정을 통해 옥(玉)은 왕(王)과 통하는, 동등한 지위로 올라섰다. 그 때문일까? 현대 옥편의 214부수에서 옥(玉)은 왕(王) 부수에 통합되었다. 정말이지 왕이 된 옥이 아니던가?

나라를 뜻하는 국의 여러 형태들. 원래 무기로 성을 지키는 모습에서 '나라'의 의미를 그렸으나, 이후 왕(王), 옥(玉), 민(民) 등으로 대체되면서 '왕의 나라', '보물의 나라', '백성의 나라' 등으로 이미지를 강화했다.

6. 사람은 배워야 도리를 안다

"옥불탁(玉不琢), 불성기(不成器)"라는 말이 있다. "아무리 좋은 옥이라도 다듬지 않으면 기물이 되지 못한다"라는 말이다. 아무리 귀하고 훌륭한 옥이라도 다듬고 꿰지 않으면 '보물'이 되지 못한다. 물론 여기에 이어지는 말이 있다. "인불학(人不學), 부지도(不知道)." "사람은 배워야 도리를 안다."라는 말이다. 아무리 인류의 영장 사람으로 태어났다 해도 배우지 않으면 도리를 알 수 없다는 말이다. 『예기·학기(學記)』에 나오는 말인데, 끝없이 다듬고 쉼 없이 배워야 함을 강조한 말이다.

무엇이 참다운 가치인지 되새겨봐야 할 요즘

옛날 사람들은 이렇듯 옥(玉)을 보면서 훌륭한 인격을 생각했고, 옥(玉)에다 그 어느 것과도 비견될 수 있는 고상하고 훌륭한 인격을 부여했다. 그리하여 '군자'들은 옥을 장식물로 달고 다니면서 옷의 미덕을 생각했고, 옥을 만지작거리며 옥의 덕성을 되새겼다.

그리하여 옥(玉)은 보물의 상징이 되었고, 왕(王)과 통합되었고, 나라를 상징하는 국(國)에도 당당히 들어갔다.

옥(玉)도 금(金)도 모두 돈으로만 생각하는 작금의 사회, '숨 쉬는 것조차도 자본주의를 벗어나 생각할 수 없다"는 자조는 벗어날 수 없는 시대의 속박인가? 무엇이 진정한 보물인지, 발상의 전환을 생각하게 해준다.

○ **어원해설** ○

18-1 임금 **왕**	王	wáng
🔺	大 大 大 王 王 甲骨文　王 金文 王 古陶文　王 簡牘文　王 貨幣文 王 說文小篆　叧 說文古文	

　지배자를 뜻하는 王은 무엇을 그렸을까? 다른 사람과는 다른 신분을 뜻하는 왕관이 지배자의 상징임은 쉽게 상상할 수 있다.

　王을 『설문해자』에서는 공자의 해설을 인용하여 三(석 삼)과 丨(뚫을 곤)으로 구성되었으며 "하늘(天)과 땅(地)과 사람(人)을 의미하는 三을 하나로 꿰뚫은(丨) 존재가 王이다."라고 풀이했다.

　하지만 이는 소전체에 근거한 해설이며, 갑골문에 의하면 적어도 三과 그것을 꿰뚫는 丨으로 구성된 모습은 아니다. 따라서 王은 어떤 신분을 상징하는 모자를 형상한 것으로 보인다. 청동기 시대에 발견된 모자를 쓴 제사장의 모습이나 이후 王자에 화려한 장식을 단 모습의 皇(임금 황)자와 연계해 볼 때 이 학설은 설득력이 있어 보인다.

　그러나 혹자는 도끼를 그린 것으로 해석하기도 한다. 도끼는 사람을 죽일 수 있는 권력의 상징이다. 그래서 도끼도 왕관으로 대표되는 모자와 상징은 동일하다. 모자나 도끼는 특히 고대 사회에서 권위의 상징이었을 것이며, 그래서 '왕'이라는 뜻이 생겼고, 이로부터 '크다', '위대하다' 등의 뜻도 나왔다.

18-2			
옥 옥	玉	yù	

中國 文明에서 다양한 상징을 갖는 옥, 그것을 뜻하는 玉은 무엇을 그렸을까?

갑골문을 보면 玉은 원래 여러 개의 옥을 실로 꿰어 놓은 모습이나, 이후 王(왕 왕)과 형체가 비슷해지자 오른쪽에 점을 남겨 구분했다.

"옥의 아름다움은 다섯 가지 德(덕)을 갖추었는데, 윤기가 흘러 온화한 것은 仁(인)의 덕이요, 무늬가 밖으로 흘러나와 속을 알 수 있게 하는 것은 義(의)의 덕이요, 소리가 낭랑하여 멀리서도 들을 수 있는 것은 智(지)의 덕이요, 끊길지언정 굽혀지지 않는 것은 勇(용)의 덕이요, 날카로우면서도 남을 해치지 않는 것은 潔(결)의 덕이다."라고 한 『설문해자』의 말처럼, 옥은 중국에서 최고의 덕목을 갖춘 물건으로 인식되었다.

그래서 옥은 珍(보배 진)에서처럼 단순한 보석을 넘어서 더없이 보배로운 吉祥(길상)의 상징이었는데, 그것은 現(나타날 현)에서처럼 옥이 가진 맑은소리와 영롱하고 아름다운 무늬 때문일 것이다. 이 때문에 옥은 몸에 걸치는 장신구는 물론 신분의 상징이자 권위를 대신하는 도장(璽새)의 재료로 쓰였으며, 때로는 노리개로, 심지어 시신의 구멍을 막는 마개로도 쓰였다. 더 나아가 옥은 중요사의 예물로도 사용되었다. '순자'의 말처럼, 사자를 파견할 때에는 홀(珪규)을, 나랏일을 자문하러 갈 때에는 둥근 옥(璧벽)을, 경대부를 청해올 때에는 도리옥(瑗원)을, 군신관계를 끊을 때에는 패옥(玦결)을, 유배당한 신하를 다시 부를 때에는 환옥(環환)을 사용함으로써, 각각의 상징을 나타냈다.

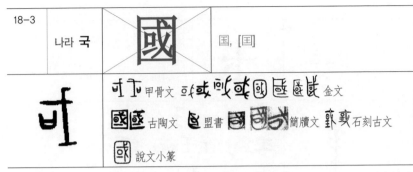

| 18-3 | 나라 **국** | 國 | 国, [国] |

甲骨文 金文 古陶文 盟書 簡牘文 石刻古文 說文小篆

國家(국가)는 어떻게 만들어졌을까? 여러 가지 학설이 있지만, 한자에서 나라를 뜻하는 國은 의외로 간단하다.

國은 囗(에워쌀 위·나라 국)가 의미부이고 或(혹시 혹)이 소리부로, 성으로 둘러싸인(囗) '나라'를 말한다. 國 이전에는 或(혹 혹)으로 써 무기(戈·과)를 들고 성(囗)을 지키는 모습을 그렸으며, 공동체의 생활을 가능하게 할 성과 그것을 지켜줄 무기(戈)가 필수적임을 강조했다.

인간은 혼자 살 수 없고, 더구나 농경문명을 영위하기 위해서는 대규모 공동체 생활이 필요하다. 이를 위해서는 외적으로부터 침입을 막는 것이 가장 중요하다. 이를 반영한 것이 한자의 國자이다.

그것은 지금과 달리 고대사회에서 국가의 경계가 유동적이었음을, 지킬 수 없을 때에는 곧바로 사라질 수 있었음을 시사한다. 이는 날이 여럿인 창(戈)을 그린 我(나 아)로 '우리'를 나타냈던 것을 보면 더욱 명확해진다. 我가 지금은 '나'를 뜻하지만, 옛날에는 '우리'라는 집단을 의미했다. 이렇게 볼 때, 或은 '혹시' 있을지도 모를 만일의 사태에 대비하여 방어를 굳건히 해야 하는 것이 '나라'라는 의미일 터, 이것이 或이 독음만 빌려온 단순한 가차를 넘어선 그 이면에 숨겨진 맥락이요 상황일 것이다.

그 후 或이 '혹시'라는 뜻으로 쓰이자 다시 囗을 더한 國으로 분화했는데, 혹시(或)나 하는 것에 기대를 거는 마음(心·심)이 바로 '미혹됨(惑·혹)'이다. 한국 속자에서는 王(왕 왕)과 囗이 결합한 囯으로, 현대중국의 간화자에서는 玉(옥 옥)이 들어간 国으로, 태평천국 시기나 민국초기에는 囻으로 쓰기도 하였다. 그렇게 함으로써 '나라가 왕의 것'임을, 또 '보물로 가득한 나라'임을, 나아가 '나라는 국민의 것'임을 천명하기도 했다.

19

법(法), 시대의 절대 선인가?

누구에게라도 달리 적용돼서는 아니 돼

언제부터인가 피하기만 하면 보호받는 안전장치로 치부
사법부에 깊은 불신…AI 법률가에게 판단 맡기자는 주장도

원전 63년 고대 로마의 입법 자문기관인 원로원에서 연설 중인 키케로. 이탈리아
화가 체자레 마카리의 그림(1888년작)이다.(사진: 월간중앙)

1. 법(法)과 양심

언제부터인가 피하기만 하면 보호를 받는 것이 법(法)이 되고 말았다. 쳐 놓은 그물망에 걸려들지만 않으면 문제가 되지 않는, 아니 오히려 안전판이 되어 버린 것이다. 특히 힘 있고 가진 자에게 더욱 그렇다. 그래서 사람들은 법이 규정해 놓은 그 그물망만 빠져나가려고 애쓴다. 범법을 하였다 해도, 아무리 위법이라 하더라도, 죄를 규정된 법률로 증명하지 못하면 합법이 되고, 무죄가 된 시대이다. "착한 사람들은 법이 없어도 책임감 있게 행동하지만, 나쁜 사람들은 법망을 피해간다."(Good people do not need laws to tell them to act responsibly, while bad people will find a way around the laws.)라는 플라톤의 말처럼.

우리가 사는 이 땅이, 이 사회가 법치사회니 '법'에 의거할 수밖에 없겠지만, 법이 만능 아님을, 법만이 최선이 아님을 보여 준다. 법이란 원래부터가 하지 말아야 하는 것을, 해서는 아니 되는 것을 최소한으로 규정한 규칙에 불과하기 때문이다.

그래서 중국은 예전부터 법에 의한 통치를, 법의 효능을 그다지 믿지 않았고, 법의 정신을 그다지 높게 평가하지도 않았던 것 같다. 법으로 세상의 질서를 바로잡고자 했던 법가의 대표인물인 상앙(商鞅)이나 한비자(韓非子)조차도 법을 절대적 잣대로 삼지는 않았다.

한비자의 스승이었던 순자(荀子)는 더 그랬고, 순자 사상의 근원이 된 맹자(孟子)는 법 보다는 덕(德), 즉 곧은 마음, 도덕과 정의가 더 근원적이라고 했다. 또 그보다 거슬러 올라가 공자는 아예 법(法)의 한계성을 적나라하게 설파했다. 그들 모두 법을 인간이 사회생활을 하면서 지켜야 하는 최소한의 규약이자 의무 정도로 설정했지, 법을 절대화 하지는 않았다.

그런 의미에서 "법이 많을수록 정의는 줄어든다."(The more laws, the less justice.)(*De Officiis, Book I*, section 10, 33)라고 한 고대 로마의 키케로(Marcus Tullius Cicero, BC. 106~BC. 43)의 말은 여전히 유효하다. 인간의 행위를, 인간의 양심을, 인간의 도덕을 어떻게 법으로 규정할 수 있겠는가? 어떻게 법으로 한정할 수 있겠는가? 어떻게 법으로 모든 것을 제약할 수 있겠는가?

2. 법의 어원과 정신

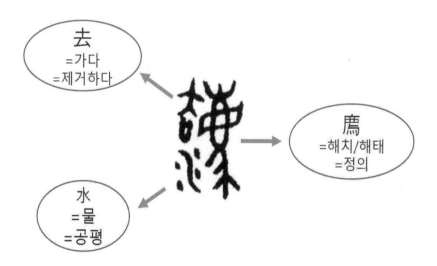

영어에서 법을 뜻하는 'law'는 고대 영어의 'lagu'에서 왔으며, "어떤 권위에 의해 제정된 규칙이나 규정"이라는 뜻을 가진다. 이는 법률이 입법 기관에 의해 제정되고, 국가가 집행을 보증하는 행위 규칙을 뜻하는 현대적 의미와 와 닿아 있다. 그전 원시 게르만 어에서는 '놓인 것'을 뜻했는데, '놓다'는 뜻을 가진 'leg-, lag-'에서 기원했다. 합법을 뜻하는 'legal'도 라틴어 'legis'에서 왔는데, '수집된 규칙이나 법규나 법률'을 말한다. 그리고 그전

고대 그리스어의 노모스(nomos)는 '인간이 인위적으로 만든 법률, 규범, 관행'을 뜻하여, 자연의 질서를 의미하는 피시스(physis)와 구분하여 사용했다.

그렇게 본다면 영어에서의 '법'은 처음부터 어떤 권위에 의해 제정된 것이라는 의미가 강하며, 이 때문에 세우다, 제정하다, 설치하다는 의미도 함께 나온 것으로 추정된다. 게다가 정해진 법률에 부합하면 '합법'임을 말해주고 있다. 그렇게 본다면 인간이 지켜야할 어떤 규칙을 규정하고 만들며 표준으로 세우는 것이 서양에서의 '법'의 정신이고, 그것의 부합여부가 합법과 위법을 가르는 것으로 볼 수 있다. 입법(立法)이 국가의 가장 중요한 권위로 기능하고, 행정부보다는 입법부의 지위가 절대적인 미국의 정치시스템을 생각하게 한다.

그렇다면 중국에서 '법'은 어떤 정신을 표상했을까? 법을 뜻하는 법(法)자는 어떻게 만들어졌을까? 지금의 자형에 근거한다면 글자 그대로, 수(水)와 거(去)로 이루어졌다. 수(水)는 물을 뜻한다. 거(去)는 가다는 뜻이지만, 제거(除去)하다는 뜻도 있다. 그래서 '물(水)이 가다(去)'는 뜻으로 해석될 수도 있고, 물(水)처럼 공평하게 항상 방향성을 갖고 부정(不正)한 자들을 제거한다는 의미로 풀 수도 있다. 허신의 『설문해자』에서는 법(法)에 든 거(去)를 제거하다는 뜻으로 풀이했다. 법에 의한 처분을 강조했다.

물은 최고의 선이자 가장 부드러운 존재

여기서 주목할 것은 '물'의 상징이다. 법을 정의하는데 왜 '물'이 들었을까? '물'은 동양에서 매우 특별한 상징을 가진다. 예컨대, 도가에서는 물은 도(道)의 상징으로 등장한다. '상선약수(上善若水)', '최상의 선은 물과 같다'는 말에서처럼, 노자(老子)는 '물'을 극찬했다. 언제나 위로 올라가고자 하고 높은 곳에 서고자 하는 인간과는 달리 항상 아래로 흐르며 인간이 싫어하는 낮은 곳에 자리하는 것이 물이다. 게다가 물 없이 그 어떤 생물도 자랄 수가 없다. 그래서 모든 생물의 생장은 물에 기댄다. 그러나 물은 만물을 키워

'공자재천도(孔子在川圖)'(『孔子一百零八聖跡圖』)

내면서도 자신이 그랬노라고 절대 자랑하지 않는다. 조그만 공만 있어도 과장하여 자랑하기 일쑤고, 없는 공도 있는 것처럼 포장하는 것을 미덕으로 삼는 인간과 차원이 다른 모습이다. 뿐만 아니다. 이 세상에서 가장 부드러운 존재도 물이 아니던가? 물은 너무나 부드럽기에 들어가지 못하는 곳도 없다. 정해진 형상도 없어 그 어떤 모습으로도 변할 수 있다. 알고 보면 그 강한 돌도 뚫을 수 있는 것이 물이 아니던가? 도에 가까운 존재라고 극찬한 노자처럼, 크게 칭송받을만한 존재이다.

노자만 그랬던 것도 아니다. 송나라 때의 대문호 소동파(蘇東坡)도 흐르는 물에서 자연의 순환과 영원함을 보았다. "물이 이렇게 흘러가지만 흘러가버리는 것이 아니요, 달이 차고 이지러지지만 없어지는 것도 아니다. 한 순간도 변화하지 않는 것 그것도 만물이지만, 거시적 입장에서 보면 영원히 변하지 않는 것도 만물이다." 달을 보면서 우주만물의 생성변화와 순환의 진리를 보았던 것이다. 그전 공자도 강가에서 흘러가는 물을 보면서 자연의 영원함을 보았다. "흘러가는 것이 이와 같구나. 밤낮 쉬지 않고.(逝者如斯夫, 不舍晝夜.)" 물이 동양 사상의 근원적 개념(root conception)이 되는 이유가 여기에 있다.

이러한 숭고한 정신을 담은 '물', 또 도(道)의 상징으로서의 '물'은 언제나 아래로 흐르는 속성을 가졌다. 절대 위로 흐를 수 없다. 위로 흐르면 그것은 역류(逆流)이고, 자연의 순리와 법칙에 대한 거스름이다. 동양의 전통 정원에 폭포는 있어도 분수가 없는 까닭도 여기에 있다. 언제나 아래로 흐르는 '물', 그것은 어떤 상황에서도 변하지 않는 법칙이고, 그것이 물의 정신이자 속성이다. 그래서 법은 어떤 상황에서도 누구에게서라도 달리 적용되어서는 아니 된다. 그것이 바로 법이 가져야 할 가장 고귀한 정신의 하나이다. 이를 반영한 것이 법(法)자이다.

부정은 절대 용서하지 않겠다는 의미도

그러나 법(法)은 여기에 그치지 않았다. 더 옛날에는 법(灋)으로 썼다. 법(法)에 廌(해치 치)가 덧붙은 모습이다. 중국에서 해치(獬廌·해태)는 부정한 자를 만나면 그 무서운 뿔로 받아 죽여 버린다고 전해지는 상상의 동물이다. 서울의 상징 동물이 해치(HAECHI)가 된 것도 '정의로운 서울'을 구현하겠다는 정신의 발로이다. 그렇다면 법(灋)자는 물의 흐름이 갖는 '항상성'에 '정의'라는 의미가 더해진 글자이다. '정의로움'과 언제나 변함없고 누구에게나 하나같은 '항상성', 그것이 법의 원래 정신이다. 그래서 '법(法=灋)'은 바로 바르지 않는 사람을 떠받아 죽여 버리는 '해치'나 항상 낮은 곳으로 임하는 '물'처럼 언제나 정의롭고 누구에게나 공평하게 집행되어야 하는 정신을 담았다. 이로부터 법도(法道), 표준, 규범, 방법(方法) 등의 뜻까지 나왔다.

권력을 가진 자, 돈 있는 자에게는 한 없이 관대하고, 힘없고 돈 없는 자에게는 너무나 가혹한 지금의 법이 되돌아보아야 할 지점이다.

3. 법으로 구성된 어휘들

법은 다양한 어휘를 만들어 냈다. 이들을 보면, 법이 우리 생활 속에서 어떤 영역으로 영향하게 되었는가, 어떤 방식으로 확장되어 왔는가를 살필 수 있다. 자주 쓰는 말에 법칙(法則)이 있고, 법률(法律)이 있고, 법령(法令)이 있고, 법규(法規)가 있고, 법치(法治)도 있고, 법전(法典)도 있다.

법전(法典)의 전(典)은 고대 한자에서 🐾이나 🐾과 같이 써 책(冊)을 두 손으로 받들거나 탁자 위에 올려놓은 모습을 그렸다. 보통의 책이 아닌, 받들어 모시고 살아야 할, 윗자리에 잘 진열해 두어야 할 중요한 책이었을 것이다. 그래서 경전(經典)은 영원히 변하지 않는 진리를 담은 책을 말한다. 그처럼 법전(法典)은 법의 정신을 담은 영원불변의 중요한 책을 말한다. 법치시대를 사는 지금은 더욱 그렇다.

법칙(法則)의 칙(則)은 패(貝)와 도(刀= 刂)로 구성되었지만, 옛날 갑골문과 금문에서는 🐾으로 써, 정(鼎)과 도(刀)로 구성되었다. 정(鼎)은 제기의 상징이고, 도(刀)는 무기의 상징이다. '전쟁과 제사'가 국가의 대사라고 했던가? 고대사회에서 나라의 가장 중요한 일이었던 제사와 전쟁을 상징하는 세 발솥과 칼, 청동으로 성질이 다른 이들을 주조할 때는 합금 비율이 중요했다. 즉 그에 들어가는 황동과 주석과 납과 아연의 황금 비율에 따라 각각의

甲骨文	金文	戰國文字	篆文	隸書	楷書
合集38306 合集37840	集成4293(六年召伯 虎?)	包2·3	說文 說文古文	孔龕碑 景北海碑陰	教育部標準楷書

'중화어문지식데이터베이스(http://chinese-linguipedia.org)' '한자원류'

용도에 맞는 강도는 물론 최상의 기물이 만들어 질 수 있었다. 그래야 제기는 제기로서의 기능을 하고, 무기는 무기로서 기능을 할 수 있다.

어떤 기물을 만들 것인가, 어떻게 해야 최상의 기물이 탄생하는지, 그 합금비율은 비밀이자 노하우였겠지만, 반드시 지켜야할 규칙이기도 했을 것이다. 이후 제사가 상대적으로 약해지고 화폐가 차지하는 비중이 강해지면서 제기의 상징이었던 정(鼎)이 화폐를 뜻하는 패(貝)로 변했을 것이다.

법률(法律)의 율(律)은 척(彳)과 율(聿)로 구성되었는데, 척(彳)은 사거리를 그린 행(行)의 줄임 형으로 '거리'를 뜻하고, 율(聿)은 '붓'을 그린 필(筆)의 원래 글자이다. 그래서 율(律)은 도로나 거리에 늘어선 건축물의 설계도를 그리는 모습일 것으로 추정한다. 도로나 건축물 역시 반드시 정해진 규정된 모습대로 지어야 한다. 그러지 않으면 부실이 되고, 문제가 생긴다. 그래서 율(律)에 법령이라는 뜻이 생겼다.

칙(則)·률(律)·령(令)의 자형 변화 과정

글자	갑골문	금문	소전	예서
칙(則)				
률(律)				
령(令)				

법령(法令)의 령(令)은 명령(命令)이라는 단어에서 볼 수 있듯 상당히 강압적이다. 고대 한자에서도 𠆢 과 같이 써, 위에는 권위나 지배자의 상징인 '모자'를 그렸고, 그 아래로 '꿇어앉은 사람'이 그려졌다. 지배자의 명령이나 권위로 굴복시키는 모습이다. 명(命)은 여기에 구(口)가 더해진 글자이다. '명령'을 더욱 구체화한 모습이다.

법규(法規)의 규(規)는 '남성이 보는 그것이 바로 규칙'임을 천명했다. 부(夫)가 비녀를 꽂은 사람을 그려 '성인 남성'을 뜻하고, 견(見)은 사람의 눈을 크게 키워 그려 '보다/보이다'는 뜻을 담았기 때문이다. 남성이 세상의 주인이고, 세상의 질서를 규정(規定)하던 가부장적 사회의 가치를 담은 음험한 한자가 아닐 수 없다.

이렇게 오래전부터 다양한 어휘를 탄생시켰던 법(法)은 근대 이후, 특히 법치주의의 현대 사회로 들면서 더욱 중요한 글자로 기능했고, 더 많은 더욱 다양한 어휘를 만들어 냈다. 그리하여 합법(合法), 위법(違法), 범법(犯法), 입법(立法), 법정(法定)도 나왔다. 그런가 하면 헌법(憲法), 형법(刑法), 민법(民法), 상법(商法), 국제법(國際法)도 있다. 너무 많아 예시를 할 수 없을 정도로 현대사회의 가장 중요한 글자의 하나가 되었다.

현대 한자의 법(法)에는 여러 가지 뜻이 스며 있다. '국가가 강제하는 통치 수단'을 일컫는 '법'이 가장 보편적이고 통용되는 뜻이다. 이와 관련하여 방법(方法)을 뜻하기도 하고, 어떤 표준을 뜻하기도 하고, 법술(法術)이나 술법(術法)에서처럼 어떤 '표준'의 응용을 뜻하기도 한다. 또 불법(佛法)에서처럼 '가르침'을 뜻하기도 한다. 어떤 표준이거나 가르침이라면 반드시 본받아야 할 대상이다. 그래서 법(法)에는 본뜨다나 본받다는 뜻도 있다.

재미있는 것은 프랑스를 현대 중국에서는 법국(法國)이라 부른다는 것이다. 물론 'France/ française'의 음역어로 법란서(法蘭西)라고 번역했다가 줄어진 이름이다. 하지만 이에 현대사회가 지향하는 보편적 가치인 법(法)이라는 뜻이 들었고, 또 '본받다'는 의미가 든 이상 '프랑스'를 법국(法國)으로 번역한 것은 그다지 기분 나쁘거나 잘못된 번역어로 보이지는 않는다. 현대적인 법의 정신, 인권과 자유와 평등의 정신이 프랑스 시민혁명으로부터 나왔기 때문에, 법으로 보호받아야 하는 시민들의 평등 권리를 보장했기에, 그렇게 쉬 정착했던 것일까? 아니면 본받아야 할 나라로 프랑스를 설정했던 것일까?

4. 법의 역사

'법'에 담긴 두 가지 정신, 즉 공평함과 정의로움은 사실 가장 지키기 어려운 근본정신임이 분명하다. 그 때문에 고대 중국에서도 이를 지킨 사례를 청동기 명문에 남겨 후세에 영원히 전하고자 했다. 서주시대 공왕(恭王, 기원전 950년~기원전 936년 재위) 때의 것으로 추정되는 「홀정(曶鼎)」이라는 청동기에 새겨진 기록이 그것인데, 당시 일어난 법률 소송에 관한 내용을 고스란히 담았다. 마지막 부분의 곡식 도난사건에 관한 내용을 보자.

주나라의 엄정하고 공정했던 법 집행

"주나라 출신의 신흥 귀족 광계(匡季)의 가신 20명이 홀(曶)의 경작지를 침범해 벼를 훔쳐간 사건이 일어났다. 피해자 홀은 이에 책임을 물어 그들의 주인 격인 광계를 동궁의 왕세자에게 고소하였다. 심의 결과, 광계에게 가신을 대신해 손해 배상과 함께 직접 사죄할 것을 명하고, 이를 어길시 본인도 함께 처벌될 것이라고 했다. 그래서 광계는 밭 5마지기와 노예 1명, 머슴 3명을 배상금 조로 내 놓았다. 하지만 자신이 직접 범한 범법 행위가 아니라고 주장하며 사죄는 하지 않았다. 그러자 홀은 다시 소송을 제기했다. 결과, 지난번 훔쳤던 곡식의 2배를 다시 배상할 것이며, 이듬해까지 이행하지 않으면 다시 2배를 추가 배상해야 한다고 판시했다. 그리하여 광계는 훔쳤던 양만큼의 곡식은 물론 밭 2마지기와 하인 1명을 추가로 손해 배상했다."

거의 3천 년 전의 기록인데도 소송과정이 이처럼 상세하고, 법의 집행도 매우 엄격했음을 알 수 있다. 머슴들의 단순한 절도행위였지만 손해 배상은 물론 주인의 사죄까지 하게 함으로써 도덕적 책임까지 함께 지게 하여 범죄에 대한 경각심을 환기했던 것도 주목할 만한 대목이다. 게다가 피소되었던 광계가 당시의 승전국인 주(周)나라의 신흥 귀족이었고, 소송 제기자인 홀은 주나라에 정복당한 은(殷)나라의 유민 출신이었던 점을 고려한다면, 당시의 법이 출신성분이나 신분과 지위에 관계없이 상당히 공평하게 지켜지고 있음에 놀라지 않을 수 없다. 법(法)자가 담은 '정의롭고 공평해야 한다'라는 정신을 근간으로 삼아 살고 있는 법치사회 대한민국에서 일어나고 있는 21세기 오늘날의 모습과 대비되는 장면이 아닐 수 없다.

┃ '홀정(曶鼎) 명문'. 서주시대 공왕(恭王) 때의 유물이다. 24행 410자(아랫부분의 31자는 뚜렷하지 않음)의 명문이 새겨졌으며, 주인공 가문의 세습 과정과 매매 계약 위반과 절도 사건의 판결과 관련한 내용을 기록하여 당시의 법률을 이해하는데 큰 도움이 된다.

5. 사법 불신의 시대

오늘날 우리는 법치사회에서 살지만, 아이러니하게도 법만큼 우리를 난감하게 하는 것은 없다. 일반인이 접근하기에 법은 너무 복잡하고 어렵다. 상식적으로 명백히 죄를 지은 것 같은 정치인도 법적으로 문제가 없다는 판결을 받는 경우도 많고, 정당방위로 보이는 행위가 법적으로 문제가 되기도 한다. 가진 자들이나 권력자들은 법이 규정해놓은 그물망을 잘도 빠져나간다.

대법원이 검찰 수사를 받는 대한민국의 현실

지난정권에서 대법원의 '사법행정권 남용' 의혹 수사와 관련하여 검찰에 의한 대법원의 압수수색이 이루어지기도 했다. 그야말로 헌정사상 상상도 할 수 없는 최악의 일이 정말 현실로 벌어진 것이다. 삼권분립에 의해 그 독립성이 완전하게 보장된 사법부가 검찰의 수사를 받은 것이다. 그것도 사법부의 가장 정점에 서 있는 대법원이 말이다. 어쩌다 이 지경에 이르게 되었을까? 물론 서로의 주장도 있고 실상이 다 밝혀진 것은 아니지만, 정말 한심하고 부끄러운 대한민국의 자화상이 아닐 수 없다.

인간을 심판하고, 인간을 살리고 죽일 수 있는 권리까지 결정하는 권한은 원래 신의 고유 영역이었다. 그러나 인간의 이성이 발달하고 합리성이 담보되면서 신의 권한은 대행자였던 성직자로부터 법관에게로 넘어왔다. 신을 대신해 그 권한을 위임받은 법관, 그들이 해야 하는 것은 신처럼의 공평무사함이었고, 지켜야 할 정신은 '천지불인(天地不仁: 천지가 만물을 키움에, 억지로 인심을 쓰지 아니하고 자연 그대로 맡김)'처럼의 사사로움 없음이었을 것이다.

신성을 부여받았기에 금단의 영역이었고, 그래서 그 속의 모습이 언제나 궁금하다. 신비롭고 궁금한 그들의 삶, 그것의 면면을 과장 없이, 또 따뜻한 비판의 시각으로, 인간적으로 그린 드라마 「미스 함무라비」가 인기를 구가했던 것도 사법부에 대한 국민의 관심과 애정 때문이었으리라.

　　그러나 안타깝게도 '사법부에 대한 불신'이 최고인 시대를 살고 있는 것이 현실이다. 몇 년 전의 한 조사에서 이미 판결의 공정성을 묻는 말에 70.6%가 공정하지 않다고 답했으며, 더구나 미래세대인 20대는 80.2%가 그렇다고 답했다.('2015 법원 신뢰도 대국민 여론조사' 결과) 법원의 재판결과와 재판진행에 대한 불만의 진정과 청원도 해를 거듭하며 늘어가고 있다.

▍영화 '부러진 화살(Unbowed)'. 정지영 감독, 안성기 출연, 2011년.

6. 인공지능 법률가

"이게 재판입니까? 개판이지." 영화 <부러진 화살>에 나오는 말이지만, 많은 국민이 공감하는 말이다. 영화를 통해, 드라마를 통해, 또는 개인의 직접 경험을 통해 이 말은 진리처럼 공감을 높여 가고 있다.

그래서 그럴까? '유전무죄, 무전유죄'라는 말에 이의를 제기하는 사람은 법조계를 제외하면 거의 없는 것 같다. 이러한 사법부에 대한 불신 때문일까? 이제는 아예 인공지능 법률가에게 판단을 맡기자는 주장까지 나왔다. 아무리 그래도 만물의 영장으로서의 인간, 그 존엄성과 명줄을 인간이 만든 인공지능에게 맡길 수 있을까? 쉽진 않을 것이다. 어쩌면 그것은 인간이 지켜야말 마지막 자존심일지도 모른다. 인간의 운명이 인공지능에 의해 판단되고 결정되는 순간, 인간은 더 이상 '인간'이 되지 못하기 때문이다.

인간 고유영역이 기계로 넘어가는 시대

그럼에도 현실은 인공지능이 이 신성의 영역에서조차 그 영향력을 확대해가고 있는 모양새이다. 국내에서도 작년 2월 인공지능(AI) 변호사가 대형 법무법인에 처음으로 취직했다고 한다. 변호사만 150여 명을 거느린 국내 대형 로펌 대륙아주의 AI 변호사 '유렉스'가 그 주인공이다. 그는 그간 한 팀이 길게는 몇 달씩 걸려 해야 했던 사전 법률 검토 작업을 20~30초 만에 해치우는 괴력을 발휘하며 업무에 빠르게 적응해 나가고 있다고 한다.

사실 AI 변호사는 미국에서 처음 등장했다. 2016년 5월 베이커 앤 호스테틀러(Baker & Hostetler)라는 미국 뉴욕의 100년 전통 로펌에서 로스(ROSS)라는 AI 변호사를 처음 채용하여 전 세계의 주목을 받았다. 약 1년 뒤, 2017년 8월에는 일본의 '홈즈'라는 정보기술(IT) 서비스업체가 IBM이 개발한 인공지능 '왓슨'을 이용해 계약서 작성업무를 대행해주는 서비스

ROSS
Your Brand New Artificially Intelligent Lawyer

Every minute you spend
on legal research is time
you can't bill for.

ROSS is an A.I. lawyer that helps human lawyers
research faster and focus on advising clients.

최초의 인공지능 변호사 'ROSS'. 로스 인텔리전스((ROSS Intelligence)와 IBM이 협력하여 만든 법률 자문 솔루션이다. 미국 최대 로펌의 하나인 베이커 & 호스테틀러(Baker & Hostetler)에 2016년 취업했다. 출처: [더기어] 세계 최초의 인공지능 변호사 '로스' 대형 로펌에 취직 — http://thegear.net/11862

를 시작해 세상을 또 한 번 놀라게 했다. 보통 1통 작성에 약 5만~10만 엔 하던 비용을 월정액 1천 엔 정도만 내면 무한으로 작성해 주며, 시간도 5분이면 1통을 작성할 수 있다고 한다. 인공지능 법률가가 시장화에 성공하여 시민의 곁으로 생활 속으로 들어와 진정한 현실이 된 것이다.

이런 추세라면 변호사의 상당수가 직장을 잃을 것이라는 걱정도 과장은 아니다. 하지만 소비자의 처지에서는 분명 환영할 일이다. 경제성과 편의성만 가지면 시장은 그곳으로 흐르게 되어 있다. 보호를 위한 법망을 아무리 친다 하더라도 결국엔 그 대세를 거스를 수는 없는 것이 법이다. 지금은 법무사이고, 세무사이고, 변호사의 일이겠지만, 궁극에는 검사와 판사의 일까지 상당 부분 대체하게 될 것이다.

심판의 판단에 의지하던 각종 스포츠도 이제는 기계 판독이 한껏 능력을 발휘하며 사람들의 신뢰를 얻고 있지 않은가? 야구도 그렇고, 축구도 그렇고, 다른 영역도 이미 장악했다. 인간의 고유 영역이 기계로 넘어가고, 점차 기계의 결과를 더 신뢰하는 모습으로 바뀌어 가고 있다. 우리 모두 내비게이션을 자신의 공간인지와 감각 능력보다 더욱 신뢰하듯 말이다.

인간의 목숨과 직결되기에 신뢰를 특히 염려했던 무인자율주행도 점차 인간의 신뢰를 받아 빠른 속도로 정착해 가고 있다. 인간의 의지만 관여하지 않는다면 무인자율주행이 훨씬 더 안전하다고 하는 연구결과도 있다. 이미 인간에 의한 사고보다 인공지능의 오류에 의한 사고율이 낮아졌다. 그렇다면 빠른 속도로 인간의 운전을 대체할 것이다. 더구나 인간의 학습 경험이 관여하지 않는 것이 딥러닝, '알파 제로'의 성공 비결이었던 것처럼. 이젠 인간이 최고이고, 만물의 영장이며, 세상의 절대적 주인이라 생각했던 그 생각조차도 무너질 날만 남았다 생각된다. 이 글을 쓰면서도 마냥 기뻐할 수만 없는 이유가 여기에 있다.

19-1			
법 법	法	[灋], fǎ	

法 金文
古陶文 簡牘文 古璽文
說文小篆 說文或體 說文古文

　법치주의를 살고 있는 우리에게 가장 익숙하고 생활과 절실하게 맞닿아 있는 것이 法이다. 법치주의는 "규정된 법에 의해 국가권력을 제한하고 통제함으로써 자의적인 지배를 배격하는 것을 핵심으로 하며 그 근원적 이상은 통치자의 자의에 의한 지배가 아닌 합리적이고 공공적인 규칙에 의한 지배를 통해 공정한 사회협동의 체계를 확보하려는 데에 있다."

　법에 의한 지배를 뜻하는 法, 그것은 어떻게 만들어졌고 그 근본정신은 어디에 있는가? 한자에서 法은 水(물 수)와 去(갈 거)로 구성되어, '법'이란 모름지기 물(水)의 흐름(去)처럼 해야 한다는 뜻을 담았다. 물은 언제나 높은 곳에서 낮은 곳으로 흐르지 낮은 곳에서 높은 곳으로 역류하지 않는 항상성을 가지기에 法은 항상 공평하고 또한 일정해야 한다.

　이 글자 이전 금문 등에서는 法에 廌(해치 치)가 덧붙여진 灋으로 썼다. 獬廌(해차해태)는 올바르지 않은 것을 만나면 그 무서운 뿔로 받아 죽여 버린다고 전해지는 상상의 동물이다.

　그렇다면, 그들이 생각했던 법은 바로 바르지 않는 사람을 떠받아 죽여 버리는 해치나 항상 낮은 곳으로 임하는 물처럼 언제나 정의롭고 누구에게나 공평하게 집행되어야 하는 것이었다. 법의 정신은 여러 가지가 있겠지만, 공정과 정의, 이 두 가지 정신은 오늘날에서도 여전히 유효한 개념이다. 法은 사람들이 지켜야 할 법이라는 뜻으로부터 法道(법도), 표준, 규범, 方法(방법) 등의 뜻이 나왔다.

19-2	법칙 **칙** 곧 **즉**		則, zé

金文

 古陶文　帛書

簡牘文　石刻古文

說文小篆　說文籀文　說文古文

"여러 사람이 다 같이 지키기로 작정한 법칙이나 제정된 질서"를 뜻하는 규칙은 인간이 공동생활을 영위하면서 반드시 지켜야 할 준칙이다.

則은 지금은 貝(조개 패)와 刀(칼 도)로 이루어졌으나 원래는 鼎(솥 정)과 刀로 이루어졌는데, 鼎이 貝로 바뀌어 지금처럼 되었다.

청동 기물의 대표인 세 발 솥(鼎)과 무기의 대표인 칼(刀)을 만들 때 그 용도에 따라 엄격히 지켜져야 할 합금 비율을 말한 데서 '法則(법칙)'의 뜻이 생겼다. 제기로 사용되는 鼎과 도구로 사용되는 칼[刀]와 무기로 사용되는 戈(창 과) 등은 강도가 달아야만 한다. 그것은 청동에 넣는 주석과 납과 아연 등의 상대 비율에 따라 달라진다. 어떤 것은 단단하게, 어떤 것은 단단하면서도 유연성을 가지게, 어떤 것은 쉽게 무르도록 만들어지기도 하며, 어떤 것은 높은 불에도 잘 견디도록 만들어져야만 했다. 합금 비율이 맞지 않으면 절대 원하는 속성의 청동기물을 만들 수 없 다. 그것은 반드시 지켜야 할 규칙이자 준칙이었다.

이로부터 則에 規則(규칙), 準則(준칙), 표준, 등급, 법규, 모범 등의 뜻이 생겼다. 또 이러한 준칙이나 모범을 곧바로 시행하고 따라야 한다는 뜻에서 곧바로, 즉시의 뜻이 생겼고, '바로'라는 부사적 의미로도 쓰였는데, 이러할 때에는 '즉'으로 구분해 읽었다. 현대중국의 간화자에서는 则으로 쓴다.

| 19-3 | 법 률 | 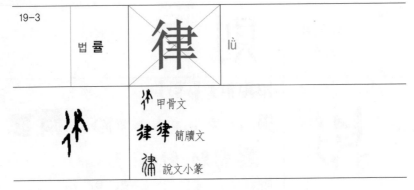 | lù |

律 甲骨文

律 津 簡牘文

律 說文小篆

法律(법률)이나 戒律(계율)이라고 할 때의 律도 '법'이라는 뜻을 가진다. 그래서 『이아』에서는 "法과 같은 뜻이다"라고 하기도 했다. 이 때문에 法과 결합하여 法律이나 律法이라는 단어를 만들었다.

律은 彳(조금 걸을 척)이 의미부이고 聿(붓 률)이 소리부로, 길(彳)에서 붓(聿)으로 '법령'을 써 붙이는 모습이다. 그래서 『설문해자』에서는 "온 백성에게 고르게 펼치는 법령"이라는 뜻이라고 했는데, 단옥재의 『설문해자주』에서는 "온 세상의 다른 것들을 하나로 규범화하여 하나 되게 만드는 것"이라 풀이했다. 그렇게 본다면 세상을 다스릴 어떤 표준을 의미한 것으로 보인다.

이로부터 음악의 고저를 정하는 표준을 말하기도 했는데, 성음을 6律과 6몸(려)로 나누고 이를 12律이라 했다.

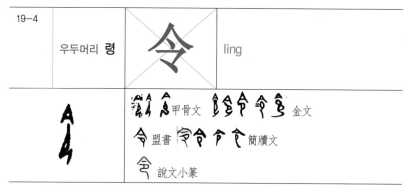

19-4		令	ling
우두머리 **령**			

甲骨文 / 金文 / 盟書 / 簡牘文 / 說文小篆

命令(명령)은 "윗사람이나 상위 조직이 아랫사람이나 하위 조직에 무엇을 하게 함"을 뜻하며, 고대 사회에서는 특히 군대에서 많이 사용되는 용어였다.

令은 모자를 쓰고(스) 앉은 사람(卩)의 모습인데, 이로부터 '우두머리'라는 뜻도 가지게 되었고, 우두머리가 내릴 수 있는 '명령(令)' 즉 政令(정령)을 뜻했다. 이로부터 命令(명령), 명령을 내리다, 황제 등의 명령, 행정기관의 우두머리 등의 뜻이 나왔고, 命名(명명)하다, 좋다, 훌륭하다의 뜻도 나왔다. 또 令尊(영존)에서처럼 상대에 대한 존경을 나타내는 접두어로도 쓰였다.

사실 命과 令은 사실 같은 데서 분화한 글자인데, 命은 令에 口(입구)를 더해 분화한 글자로, 口는 명령을 내리는 행위를 상징한다. 그래서 命은 동사로, 令은 명사로 주로 쓰였다. 그러나 命은 받은 명령이라는 명사로도 쓰이는데, 특히 父命(부명)이나 軍命(군명), 政令(정령) 등 이외에도 하늘로 받은 명 즉 天命(천명)은 물론 사람이 살 수 있는 목숨도 하늘이 정해준 것이라는 뜻에서 壽命(수명) 등의 뜻을 가진다.

20

공(公)과 사(私): 경계 짓기와 허물기

"분한 마음으로 벌을 줘서도 기쁜 마음으로 상을 줘서도 안 돼"

공사 구분은 자신에 대한 수양과 남을 다스리는 정치의 시작이자 끝
사사로운 이익에 의한 경제가 강하게 관여하는 게 우리의 정치 현실

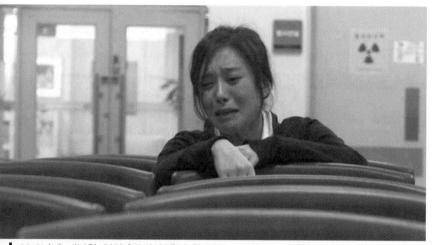

▌2013년에 개봉한 영화 [공정사회]의 한 장면. 주인공인 워킹맘(장영남 분)이 어린
딸에게 끔찍한 일이 생겼다는 사실을 알자 절규하고 있다.(사진: 월간중앙)

1. 공과 사

만사에 공사(公私)가 분명(分明)해야 한다. 만고의 진리다. 공사의 분명함은 자신에 대한 수양과 남을 다스리는 정치의 시작이자 끝이라 할 수 있다. 우리뿐만 아니라 중국에서도 오래전부터 전해 내려오는 전통이다. 수많은 저작과 현인들에 의해 표현 방식이 조금씩 바뀌긴 했지만, 여전히 다스림의 금과옥조로 남아 있다. 사사로움은 그만큼 유혹적이어서 지키기 어려우며, 공사의 구분이 쉽지 않음의 반증이기도 하다.

사사로움을 파괴하는 것이 공(公)

때로는 개인과 공익의 충돌에서, 개인과 국사 사이에서, 상벌의 부과에서, 친소의 구분에서 흔들리지 말 것을 요구하고 있다. 송나라 때의 소철(蘇轍)은 "사사로운 감정(私愛)으로 공의(公義)를 해쳐서는 안 된다"라고 했고, 『안자춘추』에서는 "분한 마음으로 벌을 주어서도, 기쁜 마음으로 상을 주어서도 아니 된다"라고 했다. 공(功)과 과(過), 상(賞)과 벌(罰) 사이에서 지켜져야 할 치우치지 않음과 공평성을 강조했다. 그래서 『사기』의 저자 사마천도 "친소(親疏)를 가리지 말고, 귀천(貴賤)을 구분하지 말고, 모든 것을 법(法)에 따라 엄격하게 적용할 것"을 주문하고 있다.(「太史公自序」)

공사 구분의 실천에 대한 천명이다. 이러한 원칙이 지켜진다면, 이러한 정책이 펼쳐진다면, 그야말로 그 어떠한 분노도 원망도 받지 않을 것이다. 또 한 마디 말로 온 백성이 다스려질 것이며, 정의로운 사회, 평온한 사회가 될 것이다.

그러나 자연 속성에 속한 개체는 개인의 생존에 필요한 물질적 토대를 가져야 하기에 개인의 재산과 사유물에 종속될 수밖에 없는 것이 운명이다. 하지만 인간은 사회적 동물이라 개인으로서만 존재할 수 없는 사회적 동물이기에 함께 살아가야 할 공공성을 고려하지 않을 수 없다. 이 둘은 본질적으로 모순적일 수밖에 없다. 개인적 욕심, 즉 사(私)로 치우칠 수밖에 없는 인간의 본질적 속성을 인간 밖의, 인간이 함께 살아야 할 공존의 장으로 이끌 공(公)의 정의를 실천하게 해야 한다. 그래야만 이들 간의 갈등과 모순을 조화롭게 실현하여 모두가 화해하며 지혜롭게 살 수 있기 때문이다.

가의고거(賈誼故居). 서한 문제 때 장사왕의 태부였던 가의(기원전 200~168))가 기원전 177~174년까지 거주했던 관저이다. 호남성 수도 장사시에 있으며, 그간 64차례의 중수를 거친 것으로 알려져 있으며, 1983년 전국보호문물로 지정되었다. 노신은 가의를 두고 서한 최고의 문장가라고 평가했다.

그래서 동양에서는 언제나 그 방향은 공적인 것을 더욱 발휘해야 하고, 사적인 것을 줄이며, 사적인 것보다 공적인 것을 우선에 두어야 한다는 가치관을 형성했다. 공사(公私)에서 공(公)이 앞에 놓인 것도 이의 반영이다.

"나를 위해 가정을 잊어야 하고, 공적인 것을 위해 사적인 것을 잊어야 한다. 이익이 있다고 해서 쉬 나가지 말 것이며, 손해가 된다고 해서 쉬 버리지 말아야 한다. 오로지 의로움만 있다면 그곳이 나갈 곳이다.(國爾忘家, 公爾忘私. 利不苟就, 害不苟去. 惟義所在.)"(『新書』)라고 한 가의(賈誼)의 말은 공사의 사이에서, 개인과 국가의 사이에서 이익이 충돌했을 때 어떻게 처신해야 하는지의 동양적 인식을 잘 보여주고 있다.

그렇다면 한자에서 공(公)과 사(私)의 개념은 어떻게 만들어졌으며 어떤 의미를 지향하고 있을까?

2. 경계 허물기, 공정함의 출발

영어에서 공적인 것을 뜻하는 'public'은 라틴어 'publicus'에서 왔는데, 인민 혹은 보통사람이라는 뜻을 갖고 있으며, people(사람)이나 popular(대중적인)도 같은 어원을 가진다. 옥스퍼드 라틴어 사전에 의하면, 고대 사회에서 인민은 무장할 수 있는 남자의 집합 혹은 군대를 갈 수 있는 남자들을 의미했다고 한다는 기록을 찾을 수 있다. 서양철학의 틀을 마련했다고 하는 아리스토텔레스에 의하면, 공적인 것은 사적인 것과 달리, 폴리스(polis)에서 생활한다는 것, 즉 정치적인 삶을 의미한다. 다시 말해서 힘과 폭력을 동원하는 것이 아니라, 말로서 설득하여, 폴리스의 대소사를 결정한다는 것이다. 그렇게 본다면 공적인 것이란 정치를 할 수 있는 사람, 정치적인 삶을 살 수 있는 사람이란 뜻이며, 정치를 할 수 있는 정치적인 삶을 사는 사람이란 힘과 폭력이 아니라 말로 사람을 설득하여 목적을 실천하는 사람이다.

그렇다면 한자에서 공정함이나 공평함을 뜻하는 공(公)은 어떻게 만들어졌을까? 사사로움을 뜻하는 사(厶=私의 원래 글자)에 팔(八)이 더해진 구조이다. 팔(八)은 어떤 물체를 두 쪽으로 나누어 놓은 모습입니다. 예컨대, 팔(八)에 칼을 뜻하는 도(刀)가 더해지면 분(分)이고, 말이 입에서 갈라져 나오는 모습을 그린 것이 兮(어조사 혜)인 것처럼 말이다. 그래서 사사로움(厶)과 개인적인 것을 파괴하는 것, 해체하는 것, 그것이 바로 공(公)이다. 그래서 『한비자』도 일찍이 "사사로움(厶)과 배치되는 개념이 공(公)이다"라고 했다. 공(公)은 갑골문에서부터 등장하는데, 선공(先公) 즉 상나라 선조에 대한 존칭으로 썼다. 그러다가 주나라 때에 들면 제후의 직칭(職稱)으로 쓰였는데, 다섯 가지 작위 즉 공(公), 후(侯), 백(伯), 자(子), 남(男) 중 최고를 지칭하였다. 그리고 이후에는 임금을 뜻하거나 상대에 대한 존칭으로 쓰였다.

사사로움과 개인적인 것을 해체하고 파괴한다는 뜻을 가진 공(公)이 상나라 선조에 대한 존칭으로, 최고의 작칭(爵稱)으로, 또 임금이나 상대에 대한 존칭으로 쓰였던 것은 의미심장하다. 사회의 최고위층에 있는, 권력의 정점에 자리한 사람들이 가장 우선해야 할 가치 중의 하나가 '공평함'임을 천명한 것으로 볼 수 있기 때문이다.

공(公)과 사(私)의 자형(字形) 변화 표.

	갑골문	금문	전국문자	소전	예서
公 (공변될 공)					
厶(私) (사사로울 사)					

정리: 하영삼

3. 경계 짓기-사사로움의 시작

서구에서 '사적인 것' 즉 사사로움을 뜻하는 'private'는 라틴어 'privare'에서 왔는데, 개인에 속하다, 분리하다, 탈취하다는 뜻을 가진다. 즉 private(사사로운)와 privative(박탈하는, 탈취하는, 결핍한)는 같은 어원을 갖는다. 그런데, 왜, 사적인 것이 박탈이나 탈취, 혹은 결핍이라는 뜻을 지니는 것일까? 아리스토텔레스에 의하면, 사적인 것은 가족과 가정 안에서 사는 것, 즉 그리스어로 가정을 의미하는 오이코스(oikos)에서 사는 것을 의미한다. 오이코스에서의 삶의 박탈적 특징은 공적 영역에서 발휘되는 인간적 능력이 박탈되었음을 뜻한다. 말에 의한 설득의 공간이 아니라 힘과 강제를 할 수 있는 공간인 셈이다.

안과 밖을 경계 짓는 것이 사(私)

그럼, 한자에서 사사로움을 뜻하는 사(私)는 어떻게 만들어졌을까? 사(私)는 화(禾)와 사(厶)로 구성되었다. 좀 더 정확하게 말하자면 원래는 사(厶)로만 썼던 것을 의미를 더 명확하게 하고자 화(禾)가 더해져 지금의 자형이 되었다. 그렇다면 사(厶)는 무엇을 그렸으며, 또 화(禾)가 더해진 것은 어떤 상징일까?

사(厶)는 원래 둥근 원을 그렸다. 이후 모양이 변해 지금의 자형이 되었다. 둥근 '원'은 무엇을 상징할까? 원이 갖는 여러 상징이 있겠지만, 아무것도 없는 백지에 원을 그린다고 생각해 보시라. 원이 그려지면서 아무 경계가 없던 백지가 두 부분으로 나뉘게 된다. 원에 들어간 안과 그렇지 않은 밖이다. 안과 밖으로 나눈다는 것, 그것이 경계 짓기이다. 경계가 지어짐으로써 테두리 속은 우리가 되고, 바깥은 남이 된다.

이것을 '사사로움'으로 보았다. 정말 지혜로운 관찰이지 않을 수 없다. 테두리로, 목적으로, 관계로 묶고, 묶이면서 이익 추구의 메커니즘이 작동하게 되고, 그것이 사사로움의 시작이자 사적 영역의 형성이기 때문이다.

그런데 왜 화(禾)가 더해졌을까? 화(禾)는 원래 '조'를 뜻했으나 이후 '벼'를 뜻하게 되었고, 다시 벼가 갖는 우월성 때문에 곡식의 대표가 되었다. 일찍부터 농경혁명에 성공하여 인류사에서 찬란한 농경문화를 꽃피웠던 중국, 그 때문에 화(禾)는 곡식을 넘어 재산의 상징이 되었다. 중농 전통의 표현이다. 옛날 우리 사회에서도 천석꾼, 만석꾼이라는 말로 부자나 거부(巨富)를 표현하였다. 일 년에 천석, 일 년에 만석을 생산할 수 있는 집이고 그만한 토지를 소유했다는 뜻이니, 지금으로 치면 백만장자, 억만장자를 뜻하는 셈이다.

곰곰이 생각해 보면, 원을 그리는 순간, 안과 밖으로 나뉘게 되고, 우리와 남으로 구분되게 되어, 초록은 동색, 게는 가재편이라는 말처럼, 사사로움이 시작되는 것이다. 게다가 인간의 사사로운 감정도 재산이나 금전 앞에서 가장 쉽게 유혹되고 가장 잘 흔들리는 법이다. 자본주의를 사는 지금은 물론 그 전 농경사회에도 이는 마찬가지였다. 그래서 원으로 그린 사(厶)로 '사사로움'을 표현했고, 여기에 곡식이자 재산을 상징하는 화(禾)를 더해 사(私)를 만들었던 것이다. '사사로움'은 추상적인 개념이다. 지극히 추상적인 개념임에도 이렇게 구체적으로, 형상적으로, 구상적으로 그려내고, 사사로움의 메커니즘을 사(私)라는 자형 속에 고스란히 담아 놓은 것이다.

4. 사(私)를 형성한 곡식(禾)

이해관계에 따라 달라지지 않는 게 과학의 정신

❚ 고대 그리스를 대표하는 철학자 아리스토텔레스.(사진: 월간중앙)

이처럼 사사로움을 뜻하는 사(私)에 든 화(禾)는 매우 중요한 한자이다. 중국이 농업혁명을 일찍부터 이루어 우월한 농경문화를 경영하며, 빛나는 문명을 발전시켰다. 그만큼 한자에는 농경문화를 반영한 글자가 많고 농경 사회를 이해해야 알 수 있는 개념들이 많이 들어 있기 때문이다.

앞서 말한 화(禾)는 갑골문에서 익어 고개를 숙인 곡식의 모습인데, 이를 주로 '벼'로 풀이하지만 벼가 남방에서 수입된 것임을 고려하면 갑골문을 사용하던 황하 중류의 중원 지역에서 그려낸 것은 야생 '조'일 가능성이 높다. 하지만, 벼가 수입되면서 오랜 주식이었던 조를 대신해 모든 곡물의 대표로 자리하게 된다. 그래서 '벼', '수확'과 관련되어 있으며, 곡물은 중요한 재산이자 세금으로 내는 물품이었기에 세금(稅金) 등에 관련된 글자를 구성하기도 한다.

예컨대, 세(稅)는 화(禾)에 태(兌)가 더해진 글자인데, 태(兌)는 입을 크게 벌린 모습에 두 점이 더해져 즐거워하는 모습을 형상화한 글자이다. 그래서 곡물(禾)을 재배하고 내는 토지 경작세가 세(稅)였는데, 이후 稅金(세금)의 통칭이 되었다. 그렇게 본다면 세(稅)는 세금이란 기쁜 마음으로(兌) 낼 수 있어야 한다는 지배자적 입장의 이념을 반영했으며, 갖가지 구실을 동원해 각종 세금을 징수했기에 '구실'이라는 뜻까지 생겼다.

한편, 리(利)도 농경과 관련이 있다. 리(利)는 화(禾)와 刀(칼 도)로 구성되었는데, 곡식(禾)을 자르는 칼(刀)로부터 '날카롭다'는 뜻이 나왔고, 이로부터 순조롭다, 날이 날카롭다, 언변이 뛰어나다 등의 뜻이 나왔다. 갑골문에서는 칼(刀) 주위로 점이 더해지거나 土(흙 토)까지 더해져 이것이 쟁기임을 형상화하기도 했다. 예리한 날을 가진 쟁기는 땅을 깊게 잘 갈아 곡식을 풍성하게 해 주고, 날이 예리한 칼은 곡식의 수확에 유리하기에 '이익(利益)'의 뜻이, 다시 이윤(利潤)이나 이자(利子) 등의 뜻이 나왔다.

이와 유사한 구조로 된 것이 수(秀)이다. 수(秀)는 화(禾)와 乃(이에 내)로 구성되었는데, 내(乃)는 의견이 분분하지만 낫 같은 모양의 수확 도구의 변형으로 보기도 한다. 낫은 칼과 비교하면 곡식을 수확하는 데 더없이 유익한 도구였다. 그래서 낫(乃)은 곡식(禾) 수확의 빼어난 도구라는 의미에서 '빼어나다', 훌륭하다, 아름답다, 우수(優秀)하다 등의 뜻이 생겼다.

과(科)도 그렇다. 과(科)는 斗(말 두)와 화(禾)로 이루어졌는데, 말(斗)로 곡식(禾)의 양을 잼을 말한다. 곡식의 양을 재려면 분류가 이루어질 것이고, 분류된 곡식은 그 질에 따라 등급(等級)이 매겨지기 마련이다. 이 때문에 과(科)에 매기다, 등급(等級), 분류 등의 뜻이 함께 생겼다. 그래서 한자어에서 과학(科學)은 곡식(禾)을 용기(斗)로 잴 때처럼 '정확하게' 하는 학문(學)이라는 뜻을 담았으며, 사람들의 이해관계에 따라 척도가 달라져서는 아니 되는 것이 바로 과학(科學)의 정신임을 천명하고 있다. 이는 '지식'이라는 어원을 가지는 영어에서의 '사이언스(science)'보다 더욱더 현대적 의미의 과학 정신을 잘 반영하고 있다.

농업경제를 중심으로 한 중국에서는 일 년이라는 시간의 사이클조차 한 해의 명칭조차 곡식의 수확과 관련되어 있다. 예컨대, 년(年)은 원래 년(秊)으로 써 사람(人)이 볏단(禾)을 지고 가는 모습에서 수확의 의미를 그렸는데, 인(人)이 천(千)으로 바뀌고 자형이 축소 변형되어 지금의 자형이 되었다. 곡식이 익다, 수확하다가 원래 뜻이며, 수확에서 다음 수확까지의 시간적 순환으로부터 '한 해'라는 개념이 나왔으며, 연대(年代), 나이 등도 지칭하게 되었다. 한 해를 뜻하는 세(歲)도 마찬가지이다. 원래는 날이 큰 칼 그린 월(戉, 鉞의 원래 글자)과 보(步)로 구성되어, 날이 큰 낫을 들고 걸어가면서 곡식을 수확하는 모습을 그렸다. 수확에서 다음 수확까지의 기간이 일 년이었던 셈이다. 그 의미가 년(年)과 다르지 않다.

이렇듯 농경사회에서 화(禾)는 생존의 가장 기본적인 수단이요, 교역의 매개요, 과학의 출발이요, 한 해를 측정하고 헤아리는 기준이 되었던 것이다. 그래서 농사 신에 대한 숭배는 더없이 중요한 일이었다. 그 어떤 신보다 곡식신이 중요했던 것이다. 농사의 신이라는 듯을 가진 신농(神農)이 중국민족의 중요한 선조로 등장하였고, 곡식 신을 상징하는 직(稷)은 토지 신을 뜻하는 사(社)와 결합하여 국가라는 뜻까지 가지게 되었다. 곡식이 어떤 지위를 차지했던 지를 잘 보여준다.

참고로, 직(稷)은 화(禾)가 의미부고 畟(보습 날카로울 측)이 소리부로, 옛날부터 중국에서 전통적으로 재배되어 오던 대표적 농작물(禾)의 하나인 기장이나 수수를 말한다. 직(稷)이 대표적 농작물이었기에 자연스레 사람들

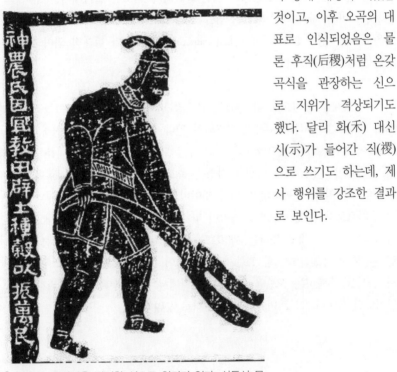

의 숭배 대상이 되었을 것이고, 이후 오곡의 대표로 인식되었음은 물론 후직(后稷)처럼 온갖 곡식을 관장하는 신으로 지위가 격상되기도 했다. 달리 화(禾) 대신 시(示)가 들어간 직(禝)으로 쓰기도 하는데, 제사 행위를 강조한 결과로 보인다.

▌신농씨. 농사법을 발명한 신으로 알려져 있다. 산동성 무씨사당 각석.

5. 공(公)이 바라본 글자들

사(私)에 반대되는 공(公)으로 구성된 글자들도 제법 있는데, 송(訟), 송(頌), 송(松), 송(忪), 옹(翁), 옹(瓮), 공(蚣), 곤(袞) 등이 그렇다. 모두 소리부로 쓰여 독음이 같아야 하지만 세월이 흐르면서 '송', '옹', '공', '곤' 등으로 변했다. 물론 이들 글자에서 공(公)은 소리부로 독음을 나타내지만 공(公)이 담았던 원래의 의미 지향을 속에 잘 간직하고 있다.

송(訟), 송(頌), 송(忪)은 공평함과 무사함 지향

예컨대, 송(訟), 송(頌), 송(忪) 등은 모두 공평함과 무사함이라는 의미 지향을 담았다. 송(訟)은 말(言)로 다투다가 원래 뜻인데, 이후 논쟁이다 소송 등의 뜻으로 확대되었다. 다툼이나 논쟁이나 소송에서 그 말은 사실에 부합하는 공정한 말이어야 함을 천명하고 있다 할 수 있다. 송(頌)도 마찬가지이다. 머리를 조아리며(頁) 칭송하다는 뜻을 가지는데, 남을 칭송할 때는 공정함으로 해야 함을 담았다. 고대 한자에서 송(頌)이 용모(容貌)라는 뜻으로 쓰였던 것을 보면, 남을 칭송하거나 높일 때 표정에서 가장 잘 드러남을 보여주고 있다.

그런가 하면 옹(翁)은 羽(깃 우)가 의미부고 공(公)이 소리부인 구조로, '아버지'를 지칭했다. 우(羽)는 화려한 깃을 가진 '수컷'을, 공(公)은 남성에 대한 존칭을 뜻하여 이런 의미가 나왔고, 이후 나이 든 사람이나 남자를 높여 부르는 말로 쓰였다.

옹(瓮)도 마찬가지인데, 물건을 담는 커다란(公) 질그릇(瓦)을 말하여, 공(公)이 크다는 뜻을 담았다. 그런가 하면 곤(袞)은 원래 衣(옷 의)와 공(公)으로 구성된 곤(衮)으로 썼다가 지금의 자형으로 되었다. 천자가 제사를 드릴 때 입는 옷을 말했는데, 보통 용이 그려졌다 해서 곤룡포(袞龍袍)라고도 한다. 그렇게 본다면 곤(袞)은 높은 사람이 입는 옷이나 공공의 장소에서 공적으로(公) 입는 옷(衣)이자 커다란 옷임을 말해 주고 있다. 모두 공(公)에 '크다', '위대하다'는 의미가 담긴 글자들이다.

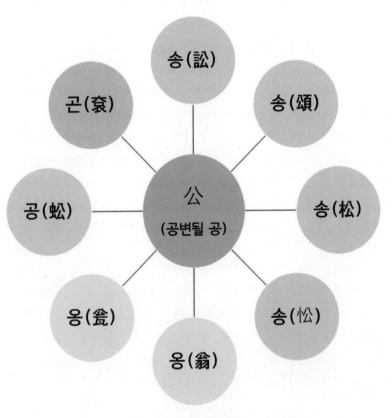

┃ 공(公)으로 구성된 글자들

그런 의미에서 송(松)도 궤를 같이 한다. 소나무는 높게 자라는 큰 나무이기도 하고 서리와 눈에도 잎을 떨어트리지 않는 곧은 절개를 가진 '위대한' 나무이다. "산에는 높다랗게 자란 소나무가 있네"라고 노래한 『시경』의 말처럼 소나무는 잔가지 없이, 주변에 기대거나 피해를 주지 않고 높게 자라는 나무의 대표이다. 넝쿨이나 굽은 나무처럼 다른 나무에 기대고 의지하지 않고 자신의 힘으로 높다랗게, 고고하게 자란다. 예로부터 공공과 공정함과 절개의 상징으로 존재했던 이유이다. 그래서 사당이나 서원에 송백을 심어놓고 그 정신을 기렸다.

6. 공(公)과 사(私)의 방향

이처럼 한자에서 사사로움과 공평함을 뜻하는 공사(公私)는 경계 짓기와 경계 허물기와 관련되었으며, 영어에서는 자신을 위한 것이냐 대중을 위한 것이냐, 강제와 폭력에 의하는 것인가 논리와 설득에 의하는 것인가와 관련되었다. 차이가 날듯 하지만 사실은 같은 의미이다. 경계 짓는 것은 나를 위한 우리를 위한 것이고, 경계를 허무는 것은 나를 우리를 벗어난 남과 대중을 위한 것이기 때문이다. 그런 의미에서 동양과 서구의 개념은 둘이 아니다.

다만 어느 것이 먼저인가 하는 것에서는 차이를 보인다. 동양에서는 줄곧 개인보다는 대중의 이익을 공공을 우선시 해왔다. 심지어 대중을 위해서는 개인을 희생해야 하고, 공공의 이익을 위해서는 개인의 이익을 포기해야 했다.

정치적 자유 실현되도록 '행동하는 인간' 돼야

그러나 공공의 이익이 개인의 이익에 앞서는 가치인가, 공공의 질서를 위해 개인의 자유를 희생해야 하는가는 그리 간단한 문제가 아니다. 더 진지하게 더 깊이 생각해볼 문제이다. 개인이 소속된 공동체와 개인이 지향하는 가치는 충돌될 때가 훨씬 많다. 어떻게 해야 할 것인가? 무엇이 앞서는 개념인가? 쉽지 않다. 개인도 자유를 제한받지 않을 권리가 있고, 공공의 공동체의 질서를 위해 개인의 자유도 제한되고 통제 되어야 할 필요가 있기 때문이다.

하지만 동양, 특히 우리나라에서 중시하는 학연, 지연, 혈연, 그리고 각종 동호회, 직능 모임을 비롯해 중국에서 중시하는 '꽌시(關係)' 문화는 사적 가치를 공적 가치에 개입시키는 부정적 문화의 발현임이 분명하다.

7. 이 시대의 공과 사

▌ 한나 아렌트(Hannah Arendt, 1906~1975)(사진: 월간중앙)

아리스토텔레스에서 출발하여, 공적인 것과 사적인 것을 보다 자세히 연구한 한나 아렌트(Hannah Arendt, 1906~1975)에 의하면, 사적인 것(privacy)은 문자 그대로 무엇인가가 박탈된 상태, 인간의 능력 중 최고이자 최상인 인간적인 것이 박탈되었음을 의미한다. 사적인 삶만 사는 사람은 설득이나 말에 의해서가 아니라 폭력이나 힘으로 모든 것을 해결하려고 들며, 그런 자는 글자 그대로 온전한 인간이라고 할 수가 없다. 사적 영역은 폭력이나 힘으로 제압하려고 드는 사람을 배제하는 것뿐만 아니라, 그리스 사회에서 노예나 여자처럼 공론의 장에 들어가지 못하는 사람, 공론영역을 세우지 않는 이방인들 등은 공적 영역이 아니라 사적 영역에서 살고 있는 사람들이다.

한자와 영어의 어원을 종합해 볼 때, 사(私)는 이익이 중심된 사적 영역으로 어떤 범위 내부를 지칭하여 경제적 활동을 주된 지향점으로 하고, 공(公)은 이를 박탈하고 해체하는 공공성이 중심된 공적 영역으로 내부적 경계가 제거된 전체를 지칭하여 정치적 활동을 주된 지향점으로 하고 있다.

그러나 근대 이후 사회(社會)라는 개념이 등장하고, 각종 '사회'가 출현하면서 공적 영역과 사적 영역의 구분이 불분명해졌다. 특히 오늘날, 사회의 출현은 힘과 폭력으로 지배되던 사적인 공간과 가정의 어두운 내부가 공적인 공간으로 밝은 곳으로 이전된 것을 특징으로 한다. 이로 말미암아 공적 영역과 사적 영역을 구분하던 옛 경계선은 불분명해졌다.

그러나 아무리 사적 영역과 공적 영역, 경제적 영역과 정치적 영역의 경계가 모호해졌다 하더라도, 정치는 여전히 공공의 이익을 위한 것이어야 한다. 사적 이익이나 경제가 정치에 관여해서는 제대로 된 정치가 될 수 없다. 그러나 우리의 현실은 여전히 사적 이익에 의한, 경제가 정치에 강하게 관여하고 있다. 그런 의미에서 우리의 정치는 진정한 정치가 아니다. 진정한 정치가, 원래의 공공성을 보장하는 정치가 되도록 하기 위해서는 공과 사의 원래 의미에 대한 인식과 이러한 간섭이 이루어지지 않도록, 정치적 자유가 실현되도록 우리 모두가 '행동하는 인간'이 되어야 할 때이다.

| 20-1 | 공변될 **공** | 公 | gōng |

甲骨文 金文 古陶文 古幣文 簡牘文 古璽文 古 璽 石刻古文 說文小篆

公共(공공)은 개인적인 것이 아니라 "국가나 사회의 구성원에게 두루 관계되는 것"을 뜻한다.

公은 厶(사사 사, 私의 원래 글자)와 八(여덟 팔)로 구성되어, 공변됨을 말하는데, 사사로움(厶)에서 출발하였고, 그 반대되는(八) 개념, 즉 사사로움을 파괴하는 개념을 公으로 보았다. 즉 公은 사적인 테두리나 영역을 없애버리거나 그러한 사적인 개념에 배치된다(八)는 개념을 그렸다.

그래서 公에는 公的(공적)이라는 뜻과 公平(공평), 公共(공공)이라는 뜻이 생겼고, 다시 '公開的(공개적)인', '公式(공식)적'이라는 뜻도 생겼는데, 공적인 일은 반드시 은밀하지 않은 공개적인 방법에 의해서 진행되어야 하기 때문이다. 또 고대의 작위 이름으로 쓰였고, 할아버지뻘의 남성이나 시아버지를 부르는 호칭으로도 쓰였다.

사사로울 사	私	SĪ

私 古陶文　　ロ 和 和 和 簡牘文
ㅋ ㅋ ㅓ ㅓ 古璽文
私 說文小篆

　사사로움을 뜻하는 私는 禾(벼 화)가 의미부고 厶(사사 사)가 소리부로 구성되었다. 곡물(禾)을 자신(厶)의 것으로 만든다는 뜻으로부터 '私事(사사)로움'을 그렸고, 이로부터 이기적인, 비공개적인, 비밀스런 등의 뜻이 나왔다. 또 자신을 낮추어 부르는 말로도 쓰였다.

　원래는 禾가 들어가지 않은 厶로 썼는데, 厶는 테두리를 지은 모습으로, 울타리를 지워 타자와 자신을 구분짓다는 뜻에서 '사사로움'의 의미를 그렸다. 이후 재산의 대표인 곡물(禾)을 더해 私를 만들었는데, 사사로운 감정은 재산으로 대표되는 이익 앞에서 가장 잘 발동되기 때문이다.

　인간은 태생적으로 사사로움을 가질 수밖에 없다. 그러나 그러한 사사로움에 휘둘리지 않고 잘 갈무리하는 것을 영원히 살 수 있는 지혜로 보았다. 그래서 『노자』는 성인이 위대하고 오래 갈 수 있는 것은 "사사로움이 없기(無私)" 때문이라고 했다. 공과 사를 분명히 하는 것, 즉 공사의 구분이 정확한 것이 사람살이의 가장 기본 되는 덕목인 이유이다.

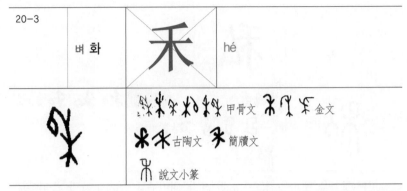

| 20-3 | 벼 **화** | 禾 | hé |

禾는 곡물의 통칭이다. 세계에서 가장 발달한 농경 문명을 일구었던 중국이기에 더 없이 중요한 글자이다.

갑골문에서 익어 고개를 숙인 곡식의 모습인데, 이를 주로 '벼'로 풀이하지만 벼가 남방에서 수입된 것임을 고려하면 갑골문을 사용하던 황하 중류의 중원 지역에서 그려낸 것은 야생 '조'일 가능성이 높다.

하지만, 벼가 수입되면서 엄청난 식량 혁명을 이루었고 이런 덕분에 오랜 주식이었던 조를 대신해 모든 곡물의 대표로 자리하게 된다. 그래서 '벼'와 모든 곡물은 물론 '수확'과 관련되어 있으며, 곡물은 중요한 재산이자 세금으로 내는 물품이었기에 稅金(세금) 등에 관련된 글자를 구성하기도 한다.

21

정(情): 순수한 마음, 정겨움의 본질

다정하고 한(恨) 많음도 병인 양하여…

목적·판단 배제된, 대상을 향해 가는 순수함 그 자체
중국이나 일본에선 찾기 어려운 가장 한국적인 특성

▍비 오는 날 할머니와 손녀가 함께 우산을 쓴 채 다정하게 입을 맞추고 있다.(사진: 월간중앙)

1. 정(情), 한국적 정서

"사랑이나 친근감을 느끼는 마음"을 우리 국어사전에서는 정(情)의 한 측면으로 정의하고 있다. 사람이 사는 곳에서 사람을 사랑하고 친근감을 느끼고 그 감정을 표현하지 않는 곳이 있겠냐만 유독 한국인은 '정'을 강조하고 정에 약하고 정을 중시하는 민족임에는 분명하다.

하지만 우리말에서 정(情)을 정확하게 정의하기는 어렵다. 정(情)이 넓은 의미에서 사랑을 포함하지만, 좁은 의미에서는 사랑과 반드시 같다고 할 수 없기 때문이다. "사랑은 없어도 정 없이는 못 산다"라는 말에서 정과 사랑은 동의어가 아니며, 여기서의 정은 남녀 간의 사랑과는 다른 종류의 애착(attachment)으로 보인다. 또 "미운 정, 고운 정 다 들었다"는 표현에서 보듯, 정은 남녀 간의 열정적 사랑(eros)과 같은 감정을 지칭하기 보다는, 이슬비에 옷이 젖듯, 오랜 세월동안 함께 하면서 생겨난 감정(affection)이나 애착(attachment), 혹은 감정의 연대(emotional bonding) 같은 것을 의미하기도 한다. 반면 "정든 물건이라 버리지 못한다"라는 말에서는 정은 사람을 향한 마음만을 의미하는 것도 아니다. 이처럼 정든 대상이 반드시 사람일 필요는 없다. 그리고 우리가 정을 주는 대상이 사람일 수도 있고, 생물일 수도 무생물일 수도 있다.

한편, "밥을 한 술 주면 정이 없다"거나 "가는 정이 있어야 오는 정이 있다"라는 표현에서는 사람들 사이에 정(情)이 쌓이기 위해서 반드시 오랜 시간이 필요한 것도 아니다. 한 술만 주면 정 없다고 한사코 거절해도 한 술 더 얹어주는 식당 아주머니에서, 오는 정을 먼저 받고 나서 정을 주는 것이 아니라, 내가 먼저 정을 주어야한다는 속담에 이르기까지, 정은 내가 주변 대상을 수용하고 오랜 시간동안 수동적으로 받아들여서 일어나는 마음상태를 지칭할 때도 있지만, 때로는 내가 다른 사람이나 대상과 내적인 관계를 능동적으로 맺기 위해서 이해타산을 생각하지 않고 순수하게 주는 마음일 수 있다. 그런 의미에서 정은 목적이나 판단이 배제된, 대상을 향해 가는 순수한 마음이다.

2. 정(情), 동양적 정서

한자를 사용하는 한자문화권에서 정(情)이 차지하는 비중은 특별나다. 예컨대 『시경』은 첫 구절에서부터 "관관저구(關關雎鳩), 재하지주(在河之洲), 즉 "끼룩끼룩 물수리는, 황하 강의 모래톱에서 울어대고"라고 시작한다. 즉 암수가 서로의 소리에 화답(關關)하는 사랑의 정을 노래함으로써, 사랑의 정이 중국 시정의 상징이자 출발임을 알린다.

그런가 하면 중국 육조 시대의 가장 유명한 시인 중 한명인 도연명은 국화에 대한 사랑과 정(情)을 노래한 것으로 유명하다. "가을 국화는 빛깔도 고와라"(秋菊有佳色·추국유가색)나, "동쪽 울타리 아래서 국화를 따다가, 그윽하니 눈 들어 남산을 바라다보네(采菊東籬下·채국동리하, 悠然見南山·유연견남산)" 등의 시 구절은 국화뿐만 아니라 자연과 벗하며 사는 은일의 정이요, 은자의 초연한 정서를 읊은 걸작이라고 할 수 있다.

정(情)의 범위를 좀 더 넓혀서, 충이나 효, 가족애과 같은 구체화된 감정을 포함시킨다면, 중국에는 이러한 감성을 자극하는 명문들이 즐비하다. 그 중에서도 이밀(李密)이 관직을 사양하면서 황제에게 올린 「진정표(陳情表)」는 할머니에 대한 정(情)이 얼마나 깊은지를 잘 보여주는 사례이며, 제갈공명의 출사표 등은 나라에 대한 충정이 얼마나 깊은지, 당나라 한유의 「제십이랑문」은 가족을 잃은 슬픔을 잘 보여주는 감성의 극점에 올라 있는 명문들이다.

조모 때문에 출셋길마저 포기했던 이밀

이런 서정문들을 처음 읽었던 아련한 옛 기억을 되살려 보면, 「진정표」는 삼국시대 진(晉)나라의 이밀(李密, 224~287)이 당시의 무제에게 조모의 봉양을 이유로 황제가 내린 관직을 사양하면서 올린 글이다. 매우 어려서부

터 처절한 고아가 된 자신을 키워준 조모에 대한 사랑과 이에 대한 인정의
보답으로서의 봉양의 마음은 구구절절 사람의 마음을 파고들어 감성을 울린
다. 절대 권력자였던 황제의 부름조차도, 자신의 출셋길마저도 마다하였는데
도 오히려 황제를 감동시켰다. 아니 황제뿐만 아니라 모든 사람을 울렸다.
그래서 이 글을 읽고 울지 않으면 효자가 아니라고 했다.

제갈공명(諸葛孔明, 181~234)의 「출사표」는 우리에게 너무나 익숙하여
더 강조하지 않아도 될 것이다. 당시 촉한(蜀漢)의 재상으로서, 그가 모셨던
황제 유비(劉備)의 '북방 수복' 유언을 실천하고자 군사를 끌고 위나라를 정
벌하러 떠나던 날 제2대 황제 유선(劉禪) 앞에 나아가 바친 비장한 글이다.
나라를 사랑하는 마음, 신하의 임금에 대한 진정한 충정이 이보다 더할 수
있을까? 그래서 이 글을 읽고서 눈물을 흘리지 않으면 충신이 아니라고 했
다. 1천8백 년이 지난 지금, 최첨단 사회를 살아가는 우리에게도 사람의 인
정이 무엇인지를 알게 해 준다.

나머지 「제십이랑문」은 당송 팔대가의 한 사람인 당나라 한유(韓愈, 768-824)의 명문으로, 어려서부터 부모를 여의어 지극히 고독한 상황 속에서 함께 의지하며 성장해온 조카 십이랑이 자신보다 일찍 죽자 그에 대한 슬픔의 정서를 표현한 글이다. 조카라지만 형제 이상의 절박하고 애틋한 사랑의 정이 구절구절 폐부를 찔러 온다. 가족에 대한 사랑이, 가까운 사람에 대한 인정이 이 보다 더 애틋할 수 있을까? 그래서 이를 읽고 눈물을 흘리지 않으면 형제의 정이, 가족의 정이 없는 사람이라고 했던 것이다.

그러나 이러한 형식화된 시로서 구체화된 감정인, 충이나 효 등을 표현하기 이전의 시절로 돌아가서, 고대인들이 정(情)을 무엇이라고 생각했는지, 그 어원을 통해서 살펴보기로 하자.

사천성 성도(成都) 무후사(武侯祠). 제갈량을 모신 사당이다. 촉한의 제1대 황제 유비의 무덤에 함께 모셔졌다. 황제의 무덤과 함께 봉사된, 그러면서도 유비보다 더 유명해진 사당은 제갈량의 위상과 숭배가 어떠한지를 잘 보여 주는 대목이다.(사진: 필자)

3. 정(情)의 어원: 순수한 마음

한자에서 정(情)은 心(마음 심)이 의미부고 靑(푸를 청)이 소리부로, 깨끗하고 순수한(靑) 마음속(心)에서 우러나오는 '정'을 말하며, 이로부터 애정(愛情), 정서(情緒), 정황(情況) 등의 뜻이 나왔다. 여기서 심(心)은 원래 사람의 심장을 그린 글자로, 심장이나 마음을 지칭하거나 마음에서 일어나는 갖가지 행위인 정서 등을 뜻한다. 나머지 청(靑)은 독음도 나타내지만 의미의 결정에도 깊숙하게 관여하고 있다. 청(靑)은 무엇을 그린 글자이며, 무엇을 상징할까?

청(靑)이 블루(blue)보다는 그린(green)인 이유

청(靑)은 금문에서 苦으로 써, 丹(붉을 단)이 의미부이고 生(날 생)이 소리부인 구조였는데, 자형이 약간 변해 지금처럼 되었다. 생(生)은 싹(屮·철)이 흙(土·토)을 비집고 올라오는 모습이고, 단(丹)은 광정(井·정)에서 캐낸 염료(ヽ·주)를 상징한다.

청(靑)은 『설문해자』의 해석처럼 중국의 전통 사상인 음양오행에서 동방(東方)의 색을 말하는데, 동방은 초목이 생장하기 시작할 때의 상징이다. 그래서 청(靑)은 보통 '파랗다'는 뜻으로 풀이되지만, 바다나 하늘처럼 '파란색(blue)'이 아닌 봄날 피어나는 초목의 어린 싹에서 볼 수 있는 그런 '초록색(green)'을 말한다. 막 피어나는 새싹의 색깔보다 더 순수하고 아름다운 색이 있을까? 그래서 청(靑)은 막 돋아난 파릇파릇한 새싹처럼 자연의 순색을 말한다. 이 때문에 '순수(純粹)'와 '순정(純正)'의 뜻이 담겼다. 그런 순수함은 '깨끗함'과 '빛남'의 상징이며, 이로부터 젊음, 청춘, 청년을 지칭하게 되었다. 그렇다. 청(靑)은 피어나는 식물의 싹의 색깔을 지칭한다. 그래서 블루가 아닌 그린이다.

그래서 청(靑)으로 구성된 글자들은 대부분 '순수함'과 연관되어 있다. 그것은 단순한 '초록색'도 아니라 연한 초록색, 연두색을 말한다고 보아야 할 것이다. 초목이 처음 피어날 때의 색깔, 연두색은 순수함과 깨끗함과 처음의 상징이기 때문이다.

먼저, 순수하다는 뜻을 가진 파생자들이다. 예를 들어, '맑음'을 뜻하는 청(淸)은 水(물 수)가 의미부고 靑(푸를 청)이 소리부로, 물(水)이 깨끗하여 (靑) 맑고 명징함을 말한다. 이로부터 다른 불순물이 들지 않은 순수하고 정결함을 뜻하게 되었고, 분명하다, 조용하다, 깨끗하다, 청렴하다의 뜻도 나왔다. 또 왕조 이름으로 1644~1911년까지 존속했으며 북경(北京)에 수도를 두었는데, 깨끗함을 상징으로 삼은 왕조라는 설도 있다.

또 '간청하다'는 뜻의 청(請)은 言(말씀 언)이 의미부고 靑(푸를 청)이 소리부로, 찾아뵙다, 청하다, 모셔오다 등의 뜻인데, 순수한(靑) 상태에서의 말(言)이 무엇보다 간곡한 '청'임을 웅변해 준다. 『설문해자』에서는 찾아뵙다(謁알)는 뜻이라고 했다. 간청이나 부탁의 기본적인 정신이 무엇인지, 이 때 가져야할 진정한 태도가 무엇인지를 보여준다.

그리고 우리가 주목할 만한 글자는 정(靜)이다. 정(靜)이 왜 정숙(靜肅)에서처럼 '조용하다'는 뜻이 되었을까? 정(靜)은 靑(푸를 청)이 의미부이고 爭(다툴 쟁)이 소리부인데, 원래는 화장의 농염을 표현할 때 쓰던 단어로, 그런 순색(靑)을 다투어(爭) 취함을 말하여 자연색에 가까운 화장 색깔을 말했다. 화려한 화장은 사람의 마음을 흔들리게 하고 욕정을 움직이게 하지만, 그런 자연색에 가까운 화장은 안정되고 '정숙(靜肅)됨'을 보여준다. 이 때문에 정(靜)에 맑고 고요하다, 정지하다, 안정되다 등의 뜻이 들었다.

이외에도, 정(精)은 米(쌀 미)가 의미부고 靑(푸를 청)이 소리부로, 나락의 껍질을 깨끗하게(靑) 벗겨내 찧은(搗精·도정) 쌀(米)을 말하며, 이로부터 정미(精米), 도정(搗精)하다, 정화(精華), 정통(精通)하다, 정자(精子), 정령(精靈) 등의 뜻이 나왔다.

그런가 하면, 정(靖)은 立(설 립)이 의미부고 靑(푸를 청)이 소리부로, 그런 평정된 깨끗하고 순수한(靑) 마음이라면 서(立) 있어도 '편안함'을 말하며, 이로부터 안정되다, 평안하다 등의 뜻이 나왔다. 또 정(睛)은 目(눈 목)이 의미부고 靑(푸를 청)이 소리부로, 깨끗하고 순수한(靑) 눈빛(目)을 내 비추는 '눈동자'를 말한다. 청(靑)으로 구성된 이상의 글자들은 모두 청(靑)의 어원이 갖는 순수함을 기본적 의미로 갖는다.

둘째, '푸른색'을 말한다. 물론 여기서 말하는 푸른색은 블루와 그린을 모두 포함하는 개념이다. 이에 해당하는 글자들로는 우선 청(晴)이 있다. 청(晴)은 日(날 일)이 의미부고 靑(푸를 청)이 소리부이지만, 해(日)가 맑게(靑) 비추다는 의미를 그렸다. 원래는 夕(저녁 석)이 의미부이고 生(날 생)이 소리부인 청(姓)으로 써, 밤(夕)에 날이 맑게 개어 별이 생겨남(生)을 말했다. 그리고 청(鯖)은 魚(고기 어)가 의미부고 靑(푸를 청)이 소리부로, 청어를 말하는데, 푸른색(靑)을 띠는 물고기(魚)라는 뜻이다. 또 청(菁)은 艸(풀 초)가 의미부고 靑(푸를 청)이 소리부로, 푸른색(靑)을 내품는 풀(艸·초)이 '우거짐'을 말한다. 또 부추의 꽃을 말하며, 이후 꽃의 범칭으로도 쓰였다. 이들은 모두 푸름에서 파생된 푸른색을 뜻하는 글자들이다.

4. 성(性)과 정(情): 에토스와 파토스, 감정(emotion)과 이성 (reason)

동양에서 정(情)은 성(性)과 자주 결합한다. 성정(性情)이 그것이다. 성정은 "타고난 성질과 성품으로, 인간이 태어나면서부터 지니고 있는 본성을 말한다." 그러나 성(性)과 정(情)은 엄연히 다른 개념이다. 그러면서도 묘하게 연결되어 있다.

성(性)은 心(마음 심)이 의미부고 生(날 생)이 소리부로, 사람의 본성을 말하는데, 사람이 태어나면서부터 갖는 천성적인(生) 마음(心)이 바로 '성품(性品)'임을 보여준다. 이후 천성(天性)이나 사물의 본성(本性), 생명, 성정(性情) 등의 뜻이 나왔고, 명사 뒤에 놓여 사상 감정이나 생활 태도, 일정한 범주 등을 나타내는 접미사로 쓰인다.

순간적이며 임시적인 속성을 지향

그렇게 본다면, 성(性)은 "나면서부터 타고 나는 성품"을 말하여, 죽을 때까지 지속되는 속성을, 또 항구성을 지향하고 있다. 이에 비해 정(情)은 청(靑)의 어원에서 보았듯, 초목이 처음 자라날 때처럼의 순간적이며, 임시적인 속성을 지향하고 있다. 원래 생(生)과 단(丹)의 조합으로 이루어졌던 청(靑)의 어원에서 보듯, 생(生)은 초목이 처음 자라나는 모습인데, 처음 자라난 초목은 점차 성장하게 되고, 그에 따라 처음의 색깔이었던 연두색이나 옅은 초록색도 점차 짙은 초록색으로 변하고, 다시 노랑이나 빨강색으로 변해 결국에는 떨어지고 만다. 이것이 자연의 속성이다. 그렇게 본다면 청(靑)으로 구성된 정(情)은 임시적이며, 항구적이지 않은 속성이다. 성(性)과 대비되는 지점이다.

그렇기에 성(性)의 속성을 이야기 할 때 사단(四端), 즉 인(仁)에서 우러나는 측은지심(惻隱之心), 의(義)에서 우러나는 수오지심(羞惡之心), 예(禮)에서 우러나는 사양지심(辭讓之心), 지(智)에서 우러나는 시비지심(是非之心)의 네 가지를 말하는데, 이는 사람의 본성에서 우러나오는 나오는 네 가지 마음씨를 말한다. 즉 인(仁), 의(義), 예(禮), 지(智)라는 인간의 본성의 단서(端緒)가 되는 네 가지 마음을 말한다.

이러한 본성은 외물의 자극으로 다양한 모습으로 현실에 나타나게 되는데, 이를 보통 7가지로 정의하였다. 칠정(七情)이라는 것이 그것인데, 유학에서는 희(喜), 노(怒), 애(哀), 락(樂), 애(愛), 오(惡), 욕(欲)으로 정의한다. 하지만 철학서와 학자에 따라 조금씩 다른 정의가 보이기도 하는데, 『예기』에서는 락(樂)이 앞의 희(喜)와 중복된다는 점에서 구(懼: 두려움)로 바꾸었다. 불교에서도 비슷하지만 희노우구애증욕(喜怒憂懼愛憎欲)이라 하여, 슬픔을 뜻하는 애(哀)가 근심 걱정을 뜻하는 우(憂)로 바뀌었고, 증오를 뜻하는 오(惡)가 같은 뜻의 증(憎)으로 바뀌었다.

이러한 의미에서 성(性)과 정(情)은 서구의 에토스와 파토스와도 연계된다. 에토스(ēthos)는 어원적으로 'ethnic' 즉 '민족적, 종족적'인 것에서 근원하여 종족 집단(Ethnic group)의 관습이나 행위, 행동거지 등을 지칭하게 되었으며, 이후 행위를 구속하는 도덕관이나 도덕평가기준 등의 의미로 확장되었다.

일반적으로 민족적, 사회적인 관습을 말하는 에토스는 아리스토텔레스에 의하여 중요한 철학적 개념이 부여되었는데, 그에 의하면, 인간이 가지는 가능성이나 능력은 항상 상반하는 방향을 내포하고 있으나 동일한 행위를 반복함으로써 한 방향으로만 지향하는 습관이 양성되는데, 이 습관이 에토스이며 이에 의하여 영혼의 선악의 성격도 자란다고 한다. 그런 의미에서 에토스는 지속적인 특성을 가지고 있어 일시적인 특성을 가진 파토스(pathos: 情意 또는 激情)와 대립된다.

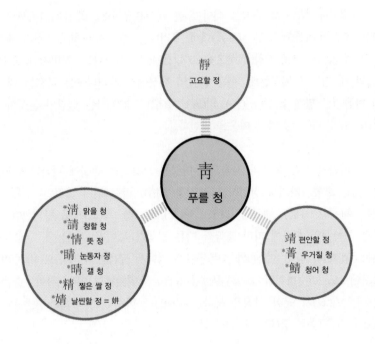

静
고요할 정

靑
푸를 청

*清 맑을 청
*請 청할 청
*情 뜻 정
*晴 눈동자 정
*晴 갤 청
*精 찧은 쌀 정
*婧 날씬할 정 = 姘

靖 편안할 정
*菁 우거질 청
*鯖 청어 청

┃ 청(靑)으로 구성된 글자군

에토스와 대립을 이루는 파토스(pathos)는 어원적으로 '-path-'(고통스럽다)에 'os'가 더해진 모습으로 '고통스러운 것'을 뜻한다. 그리스어에서 'pathos'는 (고통을) 참다, 질병 등을 뜻하며, PIE에서 '*pei'(상처를 입히다, 해치다)에서 왔으며, 이후 고통스럽다, 동정하다, 감염되다 등의 뜻으로 확장된 것으로 추정되며, 'pathetic'이나 'patient' 등과 동일한 어원을 가진다.

파토스는 철학적 의미에서 정념(情念)·충동·정열 등으로 번역되며 로고스와 상대되는 말이다. 고대 그리스어 등의 어원에 근거해 볼 때, 파토스의 지향점은 외물로부터 '받은' 상처와 이로부터 생겨난 고통에 있다. 이는 넓은 의미에서 어떤 사물이 '받은 변화상태'를 의미하고, 좁은 의미로는 특별히 '인간의 마음이 받은 상태'를 의미한다. 그래서 대상의 자극을 받아서 생기는 감정이라 할 수 있다. 그래서 파토스는 수동성과 가변성이 내포되며 그때그때 내외의 상황에 따라 인간의 마음이 받는 기분이나 정서를 총괄하여 표현한다고 할 수 있다. 이는 이성의 판단과는 다른 원천으로부터 오는 것이며, 종종 이성의 명령에 반항하기 때문에 스토아학파에서는 이것을 병(病)이라고 하기도 하였다.(「두산백과」)

이런 의미에서 볼 때, 에토스는 인간이 나면서부터 가지는 본성인 성(性)에, 파토스는 인간이 생활하면서 부딪히는 환경의 자극에 의해 생겨나는 정(情)에 가깝다. 다만 동양에서는 이러한 정(情)을 보통 7가지로 설정하여, 기쁨(喜), 분노(怒), 슬픔(哀), 즐거움(樂), 사랑(愛), 증오(惡), 욕망(欲) 등으로 다양하게 설정하였고, 이들 다양한 감정이 인간적인 모습이지만, 언제나 '순수한 마음'을 지향하도록 설정한 것이 차이점이다.

헤라클레이토스(Heraclitus, 기원전 535~기원전 475년)(사진: Wikipedia)

이들은 감성(感性)과 이성(理性)과도 일정 정도 연계될 수 있다. 감성으로 번역되는 단어는 많지만, 'sensitivity'는 '-sens-'(감각)에 '-itive'(형용사 어미, 'e'가 생략됨)와 '-ity'(명사형 어미)기 결합하여 형성된 것으로, '감각'에 그 어원을 두고 있다.

또 감정으로 번역되는 'emotion'은 'e-'(바깥을 향하다)에 '-mot'(이동, 드러내다)가 결합하여 만들어진 어휘로, 'move'나 'motion'과 같은 어원을 가진다. 그렇게 본다면 'emotion'은 밖을 향해 드러내는 '감정'을 말하는 셈이다.

이에 반해, 이성(reason)은 고대 프랑스에의 'raison'(원인, 이유, 사고)에서 왔고, 이는 다시 라틴어의 'rationem'(사고, 사려, 동기)에서 왔고, 이는 인도 게르만 조어(PIE)의 *rei(사고, 변론)에 그 어원을 둔 것으로 추정한다. 'rate'나 'read'도 같은 어원으로 추정한다.

그러나 좀 더 본질적으로 살펴보면, 이성(reason)은 다른 의미에서 로고스(logos)에서 근원했다. 로고스라는 말을 처음 사용했다고 전해지는 헤라클레이토스(Heraclitus, 기원전 535~기원전 475년)에 의하면 로고스는 "천지만물이 갖춘 일종의 은밀한 지혜나 이성으로, 천지만물의 생성과 변화를 지배하는 근거이자 교칙이며, 모든 사람이 생존하고 활동하는 근거"라고 인식했다.

지혜와 이성이라는 것은 인류의 인지사유와 실천 활동을 주재하는 개별이 주체사물이며, 그리스의 스토아학파에 의하면 이는 내재적 로고스와 외재적 로고스로 나뉘는데, 전자는 이성과 본질이고 후자는 이성과 본질을 전달하는 말을 뜻한다고 한다. 소크라테스의 말처럼, 모든 사람에게는 잠재된 덕성(德性)이 존재하지만 이성(理性)에 의해서만 이러한 잠재된 덕성이 실현될 수 있으며, 현실적인 덕성이나 선(善)으로 변할 수 있다.

이런 의미에서 볼 때, 한자에서 성(性)은 날 때부터 갖는 본성이고, 이것이 밖으로 체현된, 드러난 모습이 정(情)이다. 그래서 성(性)은 본질적이고 항구적인 요소이지만, 정(情)은 언제나 당시의 환경과 감정의 지배를 받기 때문에 비본질적이고 가변적이다. 비본질적이고 가변적이기 때문에 언제나 '마음의 순수한 모습'을 간직해야 한다, 그것이 정(情)을 구성하는 심(心)과 청(靑)의 본질적인 의미일 것이다.

5. 청(靑)의 특수 의미, 청백전과 청백안

청(靑)으로 구성된 한자는 다양하다. 그러나 여기서도 여전히 새싹이 돋을 때의 푸름의 순수함과 여기서 파생한 푸른색의 두 가지 뜻을 지향하고 있다. 예컨대, 청산(靑山), 청매(靑梅), 청자(靑瓷), 답청(踏靑), 독야청청(獨也靑靑) 등의 청(靑)은 초록색을 뜻하며, 청춘(靑春), 청년(靑年), 청운(靑雲)은 초목이 막 싹을 틔우듯 사람의 젊은 시절을 뜻한다. 그러나 청군(靑軍), 청어람(靑於藍), 청천(靑天), 단청(丹靑) 등의 청(靑)은 '파랑'을 뜻하는데, 색의 인식에서 '파랑'과 '초록'이 혼재된 우리의 전통을 반영한다.

그러나 청(靑)을 초록색 이외에 파랑색으로 이해하는 색깔에 대한 특수한 인식 외에도 문화성을 반영한 몇몇 어휘는 주목할 만하다.

씁쓸하기 그지없는 청년백수시대

먼저, 우리말에 존재하는 청백전(靑白戰)이 그것이다. 이는 운동 경기 따위에서 청군과 백군으로 편을 갈라 겨루는 싸움을 말하는데, 어릴 적 운동회를 생각해 보면 쉽게 이해될 것이다. 다만 최근에는 새로운 의미까지 더해져 '청년 백수 전성시대(靑年白手全盛時代)'의 줄임말로 쓰인다고 하니, 이 시대를 사는 청년들의 고통과 청년 실업의 심각함을 보여주어 씁쓸하기 그지없다. 우리 기성세대들의 책임과 회한까지 느껴지는 말이다.

이러한 의미를 가진 청백전(靑白戰)이 어디서 왔는지, 어떻게 만들어졌는지 알 길이 없다. 분명한 것은 우리말에서만 사용되는 한자이라는 점이다. 중국에도 이런 말이 없고, 일본 한자어에도 없다. 중국에서는 '팀을 나누다'는 뜻의 '펀뚜이(分隊)'라는 표현을 쓰고, 일본어에서는 홍백(紅白)이라는 표현하기 때문이다.

일설에 의하면, 청백전(靑白戰)은 일본의 헤이안 시대 양대 가문간의 겐페이 전쟁(源平合戰)에서 유래한 홍백전 문화가 일제 강점기를 통해 조선에 넘어온 뒤 대한민국 정부의 왜색 척결과 반공사상 강화 차원 에서 이름이 바뀐 것이라고 한다. 즉 일본 원류의 어휘를 우리식으로 바꾸었고, 또 홍(紅)이 주는 이데올로기적 지향을 지우기 위한 것이었으리라 생각된다.

그러나 청백전(靑白戰)은 우리 고유의 전통에서 근원한 것이라는 설도 만만찮다. 즉 조선 시대 때 민간에서 행하던 석전(石戰) 즉 두 편으로 나뉘어 서로 돌팔매질을 하여 승부를 겨루던 놀이에서 좌군에게는 백색 깃발을, 우군에게는 청색 깃발을 내걸었던 것에서 유래한 것으로 보기도 한다. 그럼에도 『조선왕조실록』이나 한국고전종합 데이터베이스 등에서는 아직 청백전(靑白戰)에 관한 유래를 찾을 수 없어 아쉬울 뿐이다.

다른 하나는 청백안(靑白眼)이라는 말인데, 청안(靑眼)과 백안(白眼)이 합쳐진 말이다. 그 유래가 재미있다. 극도로 혼란했던 중국의 위진 시기, 내일조차 가늠할 수 없었던 답답한 현실에서 지식인들의 고뇌는 더욱 컸다. 다가올 미래는 생각보다 암울하고 절망적이었기에, 그 안타까움의 세상을 예측할 수 있는 그들이었기에 더욱 그랬다. 그 시기를 어떻게 살았을까? 모두 산속으로 숨어들고, 술독을 지고 삽 하나 붙여서 산을 올랐다. 술을 퍼먹다 죽으면 그 자리에서 파묻힐 심산이었다.

당시 죽림칠현의 한 사람이었던 완적(阮籍, 210~263)은 눈동자를 다르게 굴림으로써 그 힘든 세상을 견뎌냈다. 청안(靑眼)과 백안(白眼)이 그것인데, 그 아사리판과 같은 세상에서도 명리를 초월해 자존감을 지키며 꼿꼿하게 살아가는 혜강(嵆康)에게는 청안(靑眼)으로 대했지만, 온갖 아첨을 일삼으며 세상에 빌붙어 사는 혜강의 형 혜희(嵆喜)에게는 백안(白眼)으로 대했다. 백안은 눈동자 흰자위가 많이 드러나는 사시(斜視)의 일종으로 눈을 흘기는 동작이지만, 청안은 관심과 애정이 어린 그윽한 눈으로 따뜻하게 바라보는 행위이다.

이후 이는 사람을 대하는 서로 다른 눈길을 상징하게 됐다. 조선에서도 마찬가지였다. 조선 중기 사대 문장가 중의 한 사람이었던 계곡(谿谷) 장유(張維, 1587~1638)도 이러한 유래가 흥미로워 따로 글을 지어 세상을 사는 지혜로 삼고자 했다. 그가 남긴 '청안과 백안에 관한 설(靑白眼說)'이 바로 그것이다.

> "아, 선비가 이 흐린 세상에 살아가면서 한 점 사람의 눈을 가지고 끝없이 펼쳐지는 추잡하고도 괴이한 광경들을 보노라면 정말 곡마단 구경을 하는 것만 같을 것이다.……위진 때의 완원도 이런 세상에 몸담고 있으면서 일단 높이 날아올라 멀리 피하여 외물(外物) 밖에 우뚝 서지 못한 이상, 번거롭고 소란스럽게 눈에 날마다 비치는 것들이라곤 모두 이런 광경들뿐이었을 테니 어떻게 이들을 백안(白眼)으로 대하지 않을 수가 있었겠는가……이 청백안이야말로 세상과의 갈등을 호쾌하게 풀어 버릴 수 있는 장치가 되었을 뿐만 아니라 자기 몸을 보전하는 지혜의 측면에서 볼 때에도 넉넉한 점이 있었을 것이다."

물론 혼란한 세상을 사는 법보가 되기엔 너무나 소극적인 모습이지만, 처절한 환경 속에서도 살아남아야 하는 인간의 본성을 본다면 조금은 이해될만한 부분이기도 하다.

장유(張維, 1587~1638년), 조선시대 좌부빈객, 예조판서, 이조판서 등을 역임한 문신. 자는 지국(持國), 호는 계곡(谿谷), 묵소(默所), 시호는 문충(文忠)이다. 저서로『계곡만필』,『계곡집』,『음부경주해(陰符經注解)』등이 전한다.(사진: 한국민족문화대백과)

6. 다정(多情), 정이 많아 슬픈 민족

　　"차운 산 바위 위에 하늘은 멀어/산새가 구슬피 울음 운다.……
　　이 밤 자면 저 마을에/꽃은 지리라./다정하고 한 많음도 병인
　　양하여/달빛 아래 고요히 흔들리며 가노니."

　우리의 다정함을 잘 표현한 시다. 조지훈이 절친 박목월에게 지어주었다는 「완화삼(玩花衫)」이라는 시이다. '꽃을 즐겨 구경하던 선비'의 마음을 비유적으로 그렸다.

한낱 농기구에도 느꼈던 한국인의 고유 감정

　우리말의 정은 중국이나 일본에서 찾을 수 없는 가장 한국적인 특성이

라고들 한다. 정을 나누는 상대는 사람에 한정되는 것이 아니라, 집에서 키우는 개나 밭일을 하던 소에게도 정이 쌓이고, 손때가 묻은 농기구에도, 그리고 정들면 고향이라는 말이 있듯이, 정은 낯선 장소에도 붙일 수 있다. 정은 사랑이나 친근감과 가장 비슷하기는 하지만, 한국인이라면, 정과 사랑이 다르다는 것 정도는 안다. 정과 관련된 표현도 많다. '정을 나누다' '정을 쏟다' '정을 통하다' '정을 떼다' '정이 들다' '정이 없다' '정을 쌓다' 등. 어떤 사람은 정이 많아서 탈이라고도 하고 또 어떤 사람은 정이 없다고 욕을 듣기도 한다. 그러나 정작 정이 구체적으로 무엇이냐고 물어보면 쉽게 대답하는 사람은 별로 없고, 구체적으로 그것이 어떤 감정인지 말로 표현해야겠느냐고 되묻는 경우도 많다.

그래서 우리의 고유한 정서인 정(情)은 내가 주변대상을 수용하여 일어나는 마음상태나, 혹은 내가 다른 사람이나 대상과 내적인 관계를 능동적으로 맺기 위해서 이해타산을 생각하지 않고 순수하게 상대에게 주는 마음이라고 말하고 싶다.

▍청록파 시인 세 사람. 왼쪽부터 박두진·박목월· 조지훈.(사진: 월간중앙)

21-1	뜻 정	情	qíng
情		😊 簡牘文 情 說文小篆	

"느끼어 일어나는 마음"이나 "사랑이나 친근감을 느끼는 마음"을 뜻하는 情은 心(마음 심)이 의미부고 靑(푸를 청)이 소리부로 구성되었다. 글자 그대로 깨끗하고 순수한(靑) 마음(心)에서 우러나오는 '정'을 말하며, 이로부터 愛情(애정), 情況(정황), 狀況(상황) 등의 뜻이 나왔다.

靑은 '푸르다'는 뜻이지만 어원적으로 새싹이 돋아날 때의 색깔을 지칭하므로, 여기서 말하는 푸름은 하늘색이 아니라 연한 녹색을 말한다. 그것은 나무나 풀의 가장 순수한 색의 상징이다. 그래서 靑이 들어간 글자들은 단순히 그런 색깔 이외에 본래 색, 순수함, 본연의 성질 등의 그런 의미를 가진다.

예컨대, 靜(고요할 정), 精(쓿은 쌀 정), 睛(눈동자 정), 淸(맑을 청), 請(청할 청), 晴(갤 청) 등이 그렇다.

| 푸를 청 | 青 | 青, qīng, |

金文

簡牘文　帛書

說文小篆　說文古文

　　青은 금문에서 丹(붉을 단)이 의미부이고 生(날 생)이 소리부였는데, 자형이 변해 지금처럼 되었다. 生은 싹(屮·철)이 흙(土·토)을 비집고 올라오는 모습이고, 丹은 광정(丼·정)에서 캐낸 염료(ヽ·주)를 상징한다.

　　『설문해자』의 해석처럼 青은 음양오행에서 東方(동방)의 색을 말하는데, 동방은 초목이 생장하기 시작할 때의 상징이다. 그래서 青은 바다나 하늘처럼 파랑이 아닌 봄날 피어나는 초목의 어린 싹에서 볼 수 있는 그런 '초록색'을 말한다.

　　막 피어나는 새싹의 색깔보다 더 순수하고 아름다운 색이 있을까? 그래서 青은 푸른색 즉 자연의 순색을 말하며 이 때문에 '순수'와 '純正(순정)'의 뜻이 담겼으며, 그런 순수함은 '깨끗함'과 '빛남'의 상징이며, 이로부터 젊음, 청춘, 청년을 지칭하게 되었다. 현대중국의 간화자에서는 青으로 쓴다.

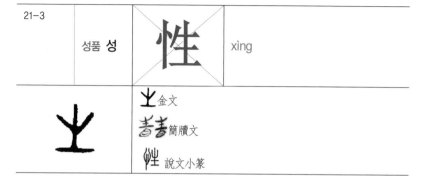

| 21-3 | 성품 **성** | 性 | xìng |

全 金文
青青 簡牘文
性 說文小篆

"사람이나 사물 따위의 본성이나 본바탕"을 말하여, 사람의 본성이 날 때부터 선하다는 性善說(성선설)과 그것이 아니라 악하다는 善惡說(선악설)에 등장하는 性은 心(마음 심)이 의미부고 生(날 생)이 소리부로 되었다.

사람의 본성을 말하는데, 어원적으로는 사람이 태어나면서부터 갖는 천성적인(生) 마음(心)이 바로 '性品(성품)'임을 보여준다. 그래서 性은 인간이 태어날 때 갖고 나는 바탕, 본성을 말한다. 이로부터 天性(천성)이나 사물의 本性(본성), 생명, 性情(성정) 등의 뜻이 나왔고, 남녀 또는 암수의 구별을 뜻하는 性別(성별)을 뜻하기도 했다. 또 명사 뒤에 놓여 사상 감정이나 생활 태도, 일정한 범주 등을 나타내는 접미사로 쓰인다.

복(福), 인간의 영원한 갈망

신이 내려주는 것이자 술과 동행하는 것

자신을 지켜 달라고 비는 제의(祭儀)에서 출발
내가 하고 싶은 일 하며 사는 게 진짜 행복 아닐까

복덕방(자료: lifelog.blog.naver.com)

1. 복덕방, 그 속에 담긴 품격

복덕방(福德房), 아파트나 주택 등 부동산을 소개하고 대리 사무를 해주는 곳. 이제는 공인중개사나 아예 '부동산'이라고 이름을 고쳤지만, '복과 덕을 주는 방'이라는 이 이름이 너무나 격조 있고 아름다워 감탄한 적이 있다. 주택 관련 소비자를 서로 연결해 주고 그 중개료를 받는, 자본주의 첨단에 서 있는 서비스 산업의 대표, 이 이름엔 그 어디에서도 '자본'이나 '이윤'이나 '이익'이라는 말을 찾아볼 수 없다.

복덕방은 품위 갖춘 우아한 어휘

사실 복덕방이라는 이름 속에는 집이 단순히 물질적 가치의 척도가 아니라 나무와 꽃, 공기와 흙과 돌 등은 물론 우리가 머무는 집 안팎의 모든 기운과도 소통하는 공간이며, 우리와 잘 맞는 그런 공간을 찾아주고 복된 인연을 찾아주는 곳이라는 의미가 더 많이 담겨 있다. 그래서 서로에게 복(福)을 안겨다 주고, 서로가 필요한 부분을 찾아주는 그런 일이 바로 덕(德)의 베풂이라는 것, 나아가 덕(德)의 원래 의미가 보여주듯 그런 중개나 소개는 '정직한' 상도(商道)가 전제되어야 함을 천명했다.

그러나 안타깝게도 이 이름은 적어도 1912년의 근대시기 새로이 만들어진 어휘 자료에서 처음 찾을 수 있지만(『개화기 국어 어휘자료집(2)』), 그전 이말이 언제쯤 어디서 어떻게 탄생했는지, 어떤 경로를 통해 정착되었는지 아직 정확히 알 수가 없다. 다만 조선후기 이후에 거간(居間)을 복덕방이라 하였고, 그것은 생기복덕(生氣福德) 즉 가정에 복과 덕을 불러준다는 뜻에서 만들어진 이름으로 이때의 '복덕(福德)'은 '생기복덕(生起福德)'에서 나왔다고 하는 설명이 있다. 혹은 당제(堂祭)나 동제(洞祭)를 지낸 뒤 마을 사람들이 모여 앉아 음식을 나누어 먹던 방(房)을 복덕방(福德房)이라 하였다는 정도가 일반적인 해설이다.

물론 중국에서도 복덕(福德)이라는 말이 일찍부터 등장하여 당나라 때 편찬된 『북사(北史)』에 보이지만 당시에는 '복과 덕행'을 뜻하여 지금처럼 복합명사가 아니었다. 이후 송나라 때의 만담집인 『경본통속소설(京本通俗小說)』 정도에 이르러서는 '복'을 뜻하는 하나의 단어가 된 것으로 보이지만, 여전히 우리말에 존재하는 '부동산 중개'라는 의미는 들어있지 않다.

여하튼 이익만 되면 뭐든 한다는, 썩어 문드러진 상한 먹잇감조차도 혈안이 되어 찾아 헤매는 하이에나 떼가 득실거리는 오늘날의 이 천박한 우리 사회에서 복덕방(福德房)은 그나마 자본주의의 적나라한 속성보다는 집이나 땅에 대해 우리 조상들이 가고 있었던 오랜 관념이 배어 있는 품위를 갖춘 우아한 어휘임은 부정할 수 없다.

그러나 1980년대 들어 부동산 붐이 폭발하기 시작했고 그 과정에서 생겨난 '복덕방'의 투기조장, 가격조작, 과다경쟁을 비롯한 각종 불건전한 거래 유발 등을 정비하고자 '부동산중개업법'이 만들어졌고, 그에 따라 '공인중개사'라는 새로운 이름이 등장한 것으로 알려져 있다. 하지만 복덕방에 비하면 공인중개사는 너무나 사무적이고 딱딱한 이름이 아닐 수 없다. 공인(公認)은 국가가 인정한다는 의미일 것이고, 중개(仲介)는 가운데 끼여 서로를 매개해준다는 뜻이고, 사(事)는 전문적 일에 종사하는 사람을 뜻한다. 이 이름이 문제될 것 없지만, 일상의 보통 명사에서조차도 점차 인간적이고 도덕적이고 품격을 갖춘 이름들이 사라지는 것 같아 아쉬울 뿐이다.

| 이태준의 단편소설집 『복덕방』(1941, モダン日本社) 표지.

2. 복(福)의 출발, 제의와 인간의 절실한 기원

"삶에서 누리는 좋고 만족할 만한 행운이나 거기서 얻는 행복"을 뜻하는 복(福), 그래서 복(福)은 인간이면 누구나 희구하는 바람이요, 인간의 절실한 기원이자, 영원한 바람이다.

그러한 복(福)은 어디서 오는 것일까? 동서양을 막론하고 옛사람들은 신이 내려주는 것이라고 생각했던 것 같다. 그래서 갑골문에서 福(복 복)은 바로 조상의 신주(示) 앞에서 두 손으로 술독(酉)을 들고 바치거나 따르고 있는 모습을 그렸다. 조상신에게 술(酉)을 올려 복(福)을 기원하는 제사(示)에서 복(福)이라는 의미가 생긴 것일 것이다. 이후 두 손을 나타내는 부분은 생략되고 술독(酉)의 모습이 畐(가득할 복)으로 변해 지금의 자형이 되었다.

'복'을 영어로 옮기기는 쉽지 않다. 억지로 대응시키자면 행복(幸福)과 축복(祝福) 정도가 될 것이다. 영어에서 행복을 뜻하는 'happiness'의 원형인 'happy'는 '행운'이라는 뜻을 담고 있어, 이도 하늘이 내려준 뜻밖의 기회나 재부를 뜻한다. 게다가 고대 그리스어에서 행복을 뜻하는 '에우다이모니아(eudaimonia)'는 eu(좋은)+daimon(정령, 신, 운명)의 합성어로, '좋은 정령이 찾아오다'는 뜻이다.

또 축복(祝福)하다는 뜻의 'bless'는 '피'를 뜻하는 'blood'와 어원을 같이 하는 것으로 알려졌는데, 옛날 서구에서는 혈제(血祭) 즉 희생의 '피'를 바쳐 신에게 보우해주길 '빌었던' 데서 발전한 것으로 보인다. 또 히브리어에서는 축복을 '바라크'라 하는데, 이는 "무릎을 꿇다, 꿇어 엎드리다"는 뜻을 담았다. 하늘이나 신에게 행복해 질 수 있도록 꿇어 앉아 도와달라고 빌었기 때문일 것이다. 또 라틴어에서는 'benedicere'가 축복을 뜻하는데, 'bene(좋은)'+'dicere(말)'이라는 의미를 담아 신이 내려주는 축복의 말씀이 축복임을 표상했다.

이렇게 본다면 동서양을 막론하고 제물을 바쳐서 행복을 비는 행사가 제단에서 이루어졌고, 거기서 이루어지는 제의(祭儀)가 '복'의 출발이었음을 알 수 있다. 다만 서구에서는 '피'를 바쳐 신에게 행운을 내리길, 행복해질 수 있도록 도와주길 빌었다면, 한자에서는 '술'이 제단에 바쳐진 주요한 물품이었음을 보여준다.

불교에서도 기도 통해 복 빌어

기도를 통해 복을 비는 것은 불교에서도 마찬가지이다. 지금도 절에 가면 복전함(福田函)이라는 게 있다. 부처님께 소원을 빌면서 복을 내려달라고 빌면서 바치는 돈을 넣는 통이다. 물론 그 돈은 신도들이 복전(福田), 즉 우리가 복을 받기 위하여 공경하고 공양하거나 보시하여야 할 대상을 위해 쓰도록 바치는 돈이라는 의미다. 불교에서는 그 대상을 팔복전(八福田)이라 하여 구체적으로 명시해 두기도 했는데, 천태종에서는 이를 불전(佛田), 성인전(聖人田), 승전(僧田), 화상전(和尚田), 아사리전(阿闍梨田), 부전(父田), 모전(母田), 병전(病田)이라 규정하였다. 공경하며 공양해야 할 불(佛)과 성인(聖人)과 승(僧), 은혜에 보답해야 할 화상(和尚)과 아사리(阿闍梨)와 부모(父母), 자비로운 마음으로 사랑을 베풀어야 할 병자(病者)들이 그 대상이다. 그들을 잘 보살필 수 있다면, 끝없는 복이 내려질 것이기에 복전(福田)이라 불렀던 것이다.

그러나 사람들에게 복전함(福田函)은 우리가 행해야 할 보시와 선행으로 이해하기 보다는 오히려 보시품인 돈과 함께 기도를 통해 내가 받을 '복의 밭', '복의 바다'를 상상한다. 그래서 이 세상을 살면서 남에게 감사하고 남을 배려하고 남을 보살펴야 한다는 나 자신의 가르침에서 내가 받아야 할 내가 누릴 수 있게 될 '복'으로 변해 기복성이 강화하고 말았다.

이런 의미에서 팔복전(八福田), 즉 복전을 펼칠 수 있는 여덟 가지를 보다 쉽게 해설한, 먼 길에 우물을 파는 일, 물가에 다리를 놓는 일, 험한 길

신라 선덕여왕 7년(638년)에 조성된 것으로 전해지는 대구 팔공산 갓바위. 매일 많은 사람이 이곳을 찾아 치성을 드리고 있다. 특히 입시철이 되면 발 디딜 틈이 없다.

을 잘 닦는 일, 부모에게 효도하는 일, 승려에게 공양하는 일, 병든 사람을 간호하는 일, 재난을 당한 이를 구제하는 일, 무차(無遮) 대회를 열어 모든 외로운 넋을 제도하는 일, 이러한 풀이가 훨씬 더 현실적이고 실천을 가능하게 하며 오해도 없앨 수 있는 해석이다.

그래서 그런지 요즈음 일부 절에서는 복전함(福田函)을 불전함(佛田函)으로 바꾼 곳도 보인다. 내가 바치는 이 돈의 용처가 바로 부처로 대표되는 팔복전(八福田)이지, 내가 누리게 될 '복전'이 아님을 천명한 것, 그리하여 자칫 오해될 수도 있는 불교의 기복적 성격을 본래의 정신으로 되돌려 놓았다고 보여 진다. 복전함(福田函)도 복덕방처럼 한자문화권의 다른 나라에서 보이지 않는 우리의 고유한 어휘이다. 게다가 새로 바뀐 불전함(佛田函)도 다른 나라에서 찾아볼 수 없는 새로운 고유 어휘이다. 어휘사용에서 우리의 지혜가 돋보이는 부분이다.

3. 복(福)을 구성하는 '술(畐)', 그 의미 지향

중국 '명주의 고향'인 청두에서 인부들이 모래처럼 발효된 술을 찌고 있다. 찜통의
술을 증류하면 수정방 원액을 얻을 수 있다.(사진: 월간중앙)

　복(福)은 자신을 지켜주고 자신이 행복하게 살 수 있도록 해 달라고 비
는 '제의'에서 출발했고, 진귀한 '술'이 그 성의의 표시였다. 복(福)자에 들어
가 독음 겸 의미를 나타내주는 복(畐=酉)은 바로 술독을 그린 글자이다.

　'술'은 중국에서 매우 다양한 의미를 가진다. 무엇보다 먼저, 복(福)자에
서처럼 '제사'와 관련되어 신에게 바치는 진귀한 제수(祭需)임을 상징하는데,
그것이 신과 교접할 수 있는 신성한 매개물로 여겨졌기 때문일 것이다. 예
컨대, 예(醴)는 제사에 쓰는 단술을 뜻하지만, '예도'를 뜻하는 예(禮)나 '몸
체'나 '본체'를 뜻하는 체(體)와 같은 어원을 가짐을 생각하면, '술'이 제사
에 사용되는 물품 중에서도 가장 중요한 것이었음을 보여 준다. 또 전(奠)은
'제사를 지내다'는 뜻인데, 오래된 술이 담긴 술독(酉)을 제단에 바치는 모
습을 그려, 그것이 제사 행위임을 직접 표현했다.

나아가 정(鄭)은 의미부인 읍(邑= 阝)과 소리부인 전(奠)으로 구성되었는데, 읍(邑)은 어떤 지역을 말하고, 전(奠)은 오래된 술이 담긴 술독을 바치는 모습이다. 정(鄭)은 성씨로도 쓰이고, 지역이나 나라 이름으로도 쓰였는데, 원래는 나라의 제사에 쓸 술을 빚어 부족이나 왕실에 제공하던 곳을 말했을 것으로 추정된다. 술 빚는 일은 대단히 전문적인 일이어서 아무나 할 수 있는 일이 아니다. 또 재료도 중요하지만 특히 물이 맛을 좌우하므로 아무 데서나 만들 수 있는 것도 아니다.

갑골문 '유(酉)'. 향기가 잘 보존되도록 목이 잘록하게 만들어졌다.

오늘날의 중국 명주 생산지도 모두 곡식이 여유롭게 생산되고 질 좋은 샘을 가진 지역에 분포해 있음도 이를 반증해 준다. 그래서 정(鄭)은 그런 술을 빚는 전문적인 장인집단을 지칭했고 그 기술은 대를 이어 전수되었을 것인바, 그들을 지칭하는 성씨가 되었을 것이다. 마치 활을 잘 만드는 장인집단이 궁(弓)씨가 되고, 문서 관리를 전문적으로 하던 기록관 집단이 윤(尹)씨가 되고, 말 사육과 관리에 전문적이던 집단이 사마(司馬)씨가 되었던 것처럼. 그리고 그런 술이 생산되던 곳, 술 빚는 장인들이 모여 살던 지역을 정(鄭)이라 지칭하였고, 이후 나라 이름으로까지 발전했다.

고대사회에서 권력의 상징이었던 술

고대 사회에서 '술'이 갖는 귀함과 상징 때문에 '술'은 단순히 제의에 동원되는 '술'이 아니라 권력의 상징이기도 했다. 예컨대, 酋(두목 추)는 '우두머리'를 뜻한다. 이는 술독을 뜻하는 유(酉)에 팔(八)이 더해진 모습인데, 팔(八)은 향기가 뿜어져 나오는 모습을 상징한다. 즉 술독에 오래 저장된 술이 잘록한 목을 넘어서 강한 향기를 내뿜어 발산하는 모습을 그린 글자이다.

오래 저장된 술이라면 필시 귀한 술이었을 것이고, 귀한 술은 중요한 제사를 모실 때 신을 즐겁게 해주는 중요한 물품이었다. 더구나 정치를 신에게 의지했던 고대사회에서는 더욱 그러했을 것이다. 그렇게 본다면 오래된 술을 소유한 자, 관리하는 자, 통제할 수 있는 자, 그가 바로 그 집단의 우두머리이자 지도자였다. 이렇듯 추장(酋長)은 '술'이 바로 '권력'이었음을 말해준다. 그런가 하면 '지위가 높다'는 뜻의 존(尊)도 오래된 술이 담긴 술독(酉)을 두 손으로 받든 모습을 그렸고, 이로부터 높이다, 존귀(尊貴)하다는 뜻을 그려냈다.

또 '술'은 재산과 재부의 상징이기도 했다. 예컨대, 부(富)는 술독(酉/畐)이 집안(宀)에 놓인 모습이다. 술은 제사에 필수적으로 따라야 하는 것이었고, 매우 귀한 물품이었다. 커다란 술독에 충분한 술까지 갖추었으니 갖출 수 있는 모든 것을 다 갖추었다는 뜻으로부터 부유(富裕)와 같이 '넉넉하다'는 뜻이 나왔다. 지금도 전통 있는 가문에서는 자기 가문만의 전통 술을 빚고, 자기 가문만의 특화된 술만을 사용한다. 이는 서양에서도 마찬가지이다.

뿐만 아니다. 술은 사람들을 기분 좋게 만들어 구성원을 한 마음으로 모으는 신통한 존재였다. '마시다'는 뜻의 음(飮)이 지금은 마시는 모든 것을 지칭하여 음료수까지 포함하지만, 옛날에는 '술' 마시는 것만 지칭했다. 글자도 지금과 달리 음(歆)으로 썼는데, 술독을 뜻하는 유(酉)가 들어 있다. 歆(마실 음)은 글자에서 보듯, 술독(酉)과 독음 부호인 금(今)과 크게 벌린 입(欠)으로 구성되어, 술독에 빨대를 꽂아 '술을 마시는 모습'을 그렸다. 때로는 사발의 술을 벌컥벌컥 마시는 모습을 그리기도 했다. 지금도 중국의 소수민족 사회를 가면 커다란 술독을 두고 여럿이 모여 대나무로 된 빨대를 꽂아 함께 술을 마시는 모습을 볼 수 있다. 소위 '합심주(合心酒)'라는 것인데, 지금의 단합을 위한 술 정도로 이해하면 될 것이다. 이러한 술 마시기를 통해 구성원은 더욱 단합이 되고 한 마음이 되어 갔을 것이다. "쌀 한 말로 밥을 지으면 그 만큼의 일만 할 수 있지만, 그것으로 술을 만들면 상상할 수 없는 무한한 일을 할 수 있다"는 말이 와 닿는 대목이다.

| 甲骨文 | 金文 | 戰國文字 | 篆文 | 隸書 | 楷書 |

음(飮)의 자형 변천(자료: http://chinese-linguipedia.org)

그런가 하면 공업용 알코올이 없던 옛날, '술'은
소독제로서도 훌륭한 역할을 했다. '치료를 하다'라는
뜻의 醫(의원 의)에 술을 뜻하는 유(酉)가 든 이유도
이 때문이다. 의(醫)를 구성하는 예(殹)는 작은 갈고
리로 뽑아낸 화살(矢시)이 통(匸)에 담긴 모습이고 여
기에 소독제로서의 술(酉)이 더해진 글자가 바로 의
(醫)이다. 고대 사회에서 술은 마취, 소독, 약효를 빠
르게 하거나 마음을 안정시켜 주는 역할을 하여, 상
처의 수술이나 치료에 필수적인 것이었으리라 생각된
다.

음(飮)의 갑골문 자
형

▌ '합심주(合心酒)'. 중국 소수민족의 합심주. 여럿이 모여 술항아리를 가운데 놓고 대로 만든 가는 관으로 빨대처럼 빨아 마신다. 음(飮)이나 음(歆)은 이런 모습과 매우 닮았다.

4. 술과 인간

그러나 '술'의 가장 중요한 기능은 이 역사의 주인공인 인간의 시름과 고독과 슬픔을 풀어준다는데 있다.

술 마시며 노래하세,
우리네 인생 살면 얼마나 산다고
아침 이슬 같은 우리네 인생,
흘러 버린 세월 너무나도 많구나.
가락은 절로 서러워 지고,
맺힌 시름 떨치지 못하네.
어이하면 이 시름 잊을까,
오직 '두강(杜康)' 뿐이라네.
(조조(曹操)의 「단가행(短歌行)」 부분)

천하의 호걸 조조가 자신의 시름을 읊은 시이다. 시름을 잊게 해 준 유일한 존재, '두강'은 '술'을 뜻한다. 술을 만든 신이 두강이라 전해지기 때문이다. 조조 뿐 아니다. 완적도, 혜강도, 이백도, 두보도, 소동파도, 정판교도, '술'은 최고의 예술가를 만들어냈고 상상 너머의 상상력을 만들어 냈다. 그래서 술을 인간이 만들어낸 가장 훌륭한 음식 중의 하나라고 평하는 이도, 인공지능 시대에도 가장 인간적인 모습을 할 요소도 '술'이라고 하는 사람도 있다.

'두강'은 조조의 시름 달래 줬던 유일한 존재

이 때문에 술의 역사도 인류의 문명과 함께 시작되었다. 중국에서는 하남성 남부의 가호(賈湖) 유적지에서 기원전 7천년의 유적지에서 '술' 찌꺼기가 발견되었다. 이 술은 기존의 메소포타미아 지역의 수메르 인들의 술을 넘어서 인류 최초의 곡주로 평가받아 술의 역사를 다시 쓰게 했다. 영국의

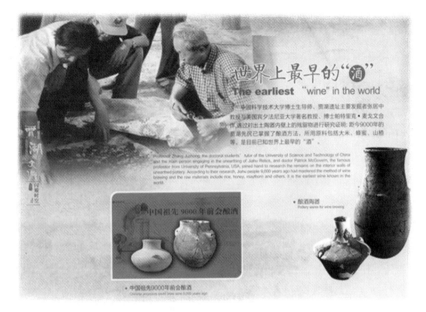

하남성 가호 유적지에서 출토된 인류 최초의 '술'.

저명한 과학사학자 조지프 니덤의 연구에 의하면 도수는 약 13도 정도였을 것으로 추정했다. 이 유적지는 황하 유역 최초의 신석기 유적지인데, 여기서는 신석기 시대의 다양한 유물 외에도 점복에 사용한 거북딱지, 점을 치는 데 사용했을 공깃돌이 함께 발견되어 거북점의 기원을 추정하는데도 큰 도움을 주었다. 그러나 세상을 더욱 놀라게 했던 것은 뼈로 만든 피리였는데, 6개로 된 세트로 된, 구멍이 7개 난 17.3~24.6센티미터 길이의 피리였다. 이 역시 세계 최초의 악기로 인정받았다.

고대 사회에서의 술은 이처럼 대단히 중요했다. 그리스 신화에서도 주신(酒神)이 등장하듯 술은 농경사회를 포함해서 고대사회의 풍요의 상징이었다. 술을 빚기 위해서는 우선적으로 식량의 문제가 해결되어야 했기 때문이다. 따라서 복(福)에서처럼 풍요를 기원하는 제사는 언제나 술을 수반하게 되었고, 집안에 술독이 놓인 모습이 부(富)의 어원을 형성하게 되었던 것이다.

5. 무엇이 복(福)인가? 복을 향한 염원

모든 사람이 바라는 복(福)에 대한 바람도 다양하다. 전통적으로 '다섯 가지 복'이라 불리는 오복(五福)은 장수(長壽), 부(富), 강녕(康寧), 호덕(好德), 선종(善終)을 말한다. 그 중에서도 장수(長壽)가 최고였던지 수복(壽福)이라는 단어가 만들어졌다.

그러나 부(富)에 대한 욕망은 예나 지금이나 마찬가지였다. 중국의 전통 그림 등에 자주 등장하는 동물이 박쥐이다. 박쥐(蝠·복, fú)는 박쥐가 갖고 있는 이중성과 괴상하게 생긴 모습에도, 그것의 발음이 복(福 fú)과 같다는 이유에서 중국인들의 사랑을 받아왔다. 그래서 전통 기물이나 장식물의 문양에 박쥐가 자주 등장한다. 한걸음 더 나아가 그들은 박쥐만 그리지 않고 꽃사슴(鹿)도 함께 그려 놓는다. '사슴'을 뜻하는 녹(鹿 lù)은 '녹봉'을 뜻하는 녹(祿 lù)과 발음이 같다. 그래서 박쥐와 사슴을 함께 그린 그림은 '복록(福祿)'을 뜻한다. 은밀한 상징이 아닐 수 없다.

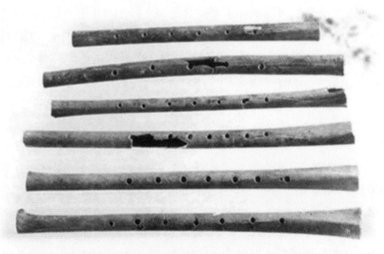

하남성 가호 유적지에서 출토된 피리세트. 7개의 구멍을 가진 6점이다. 199년 12월 저명 과학저널 Nature지의 표지를 장식할 정도로 세계의 주목을 끌었다.

부(富)와 수(壽)에 대한 추구가 누구나 가지는 복(福)의 내용이겠지만, 순자(荀子)의 말처럼 "근심을 없앨 수 있으면 그것이 바로 복"일 것이요, 그처럼 걱정을 줄이며 담백하게 살 수 있으면 그만일 것이다. 지나친 욕심에서 모든 불행이 시작되는 법이다. 그래서 중장통(仲長統)이 쓴 후한 때의 정치서 『창언(昌言)』에서도 "정신을 잘 조절하고, 근심을 없애고, 풍습과 사악한 기운의 침입을 막고, 음식을 절제하고, 욕망을 적당히 통제하는 것이 장수의 비결이다."(제45장)라고 했다. 왜냐하면 "얻기 힘든 물건일수록 사람의 탐욕을 불러일으키고 빗나간 행동을 하게 만들기 때문이다."(『노자』 제34장) 마음이 탐욕과 욕망으로 가득하면 행동은 어그러지고 몸을 치욕스럽게 되는 법이다.

"근심 없앨 수 있다면 그게 바로 복이다"

특히 지금의 이 시대는 모두가 '부'를 향한 끝없는 욕망으로 치닫고 있다. 정의도, 염치도, 체면도 없이 그것이 파멸의 지름길인 줄로 모른 채. 물론 "인간은 선한 것을 좋아하고 미덕을 숭상하는 본성을 갖고도 있지만 명예와 재물을 탐내는 본성도 갖고 있다. 그러나 성인들은 인간이 숭상하는 것을 중히 여기고 인간이 탐내는 것을 억제했다. 인간이 숭상하는 것을 중히 여겼기에 예의를 갖추는 풍기가 흥성하였고, 인간이 탐내는 것을 억제했기에 염치를 보존할 수 있었다."(『부자(傅子)』)

그래서 몸과 마음을 다스리고 나라를 다스림에 욕망을 절제하는 것보다 더 중요한 것은 없으며, 자신의 욕망을 자제하고 모두를 공경하는 예(禮)의 근본정신으로 되돌아가는 극기복례(克己復禮)가 중요하다. 그래서 『상서(尚書)』의 말처럼, "성인이라도 망념, 즉 개인적 욕망에 휩싸이게 되면 미치광이가 되고, 미치광이라도 망념을 극복하면 성인이 될 수 있다."

6. 소확행(小確幸), 이 시대 행복의 미학

소확행(小確幸), '소소하지만 확실한 행복', 최근 우리 사회를 달구고 있는 새로운 가치관이다. 일본에서 시작되어 대만을 거치더니, 우리사회에 붐을 일으켰고, 다시 중국으로 들어가 대륙을 휩쓸고 있다.

우리에게 너무나 익숙한 일본 작가 무라카미 하루키(村上春樹)의 한 수필집 『랑겔 한스 섬의 오후』에서 행복을 두고 "갓 구운 빵을 손으로 찢어 먹는 것, 서랍 안에 반듯하게 접어 넣은 속옷이 잔뜩 쌓여 있는 것, 새로 산 정결한 면 냄새가 풍기는 하얀 셔츠를 머리에서부터 뒤집어쓸 때의 기분"이라고 정의하면서 세상에 찌든 이 시대 시민들의 공감을 불러냈다.

지금 이 시대는 정말이지 소시민의 사회이다. 한 개인이 내가 속한 사회나 국가의 장래를 걱정할 수도 그럴 능력도 없어져 버렸다. 인류의 발전이나 미래는 말할 것도 없고. 그리하여 인류나 국가나 사회의 발전과 정의 등과 같은 거대 담론이 상실된 시대, 그것인 한 개인의 힘으로 불가능한 시대를 살고 있다. 미래시대에 등장할 '무용계급'이 어떤 존재일까를 상상하게 한다.

게다가 우리는 급속 성장 시대를 살면서 국가와 민족과 가족과 사회와 직장을 위해 살았지, 사실 나 자신을 위해 살아본 적이 별로 없었다. 내가 해야 하는 것이 아니라 내가 하고 싶은 것, 가족과 사회와 국가를 위해서 해야 하는 것이 아니라 나 자신을 위해서 해야 하는 것을 하고 싶다는 것이 이 유행의 메시지 일 것이다.

이제는 일과 삶의 균형(Work-life balance), 워라벨을 넘어서 나 자신을 위해 살자. 내가 해야 하는 것이 아니라 내가 하고 싶은 것을 하면서 살자. 그것이 진정한 행복이다.

일본의 소설가 무라카미 하루키. 그는 소소하지만 확실한 행복, 소확행(小確幸)의 중요성을 강조했다.(사진: 월간중앙)

22-1	복 복	福 fú

甲骨文

金文

古璽文

簡牘文

說文小篆

　　"삶에서 누리는 좋고 만족할 만한 행운이나 거기서 얻는 행복"을 뜻하는 복(福), 이는 누구나 바라는 욕망일 것이다.

　　그런 '복'을 한자에서는 재단을 그려 '제사'를 뜻하는 示(보일 시)가 의미부이고 '술통'을 그린 畐(가득할 복)이 소리부로, 제단 앞(示)에서 신에게 술(畐)을 올려 '복'을 비는 모습을 형상화했다. 신이 복을 내려준다는 생각을 했기 때문이다. 어떤 자형에는 두 손을 그린 廾(두 손 마주 잡을 공)이 더해져 제산에 술을 올리는 모습을 더욱 구체화했다. 이로부터 복과 保佑(보우)라는 뜻이, 다시 행복의 뜻이 나왔다. 또 중국에서는 福建省(복건성)을 줄여 부르는 이름으로도 쓰인다.

22-2	술 주	酒 jiǔ	

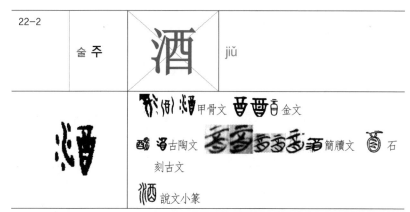

인류의 역사에서 빠질 수 없는 음식의 하나인 술을 한자에서는 酒로 표현했다. 酒는 水(물 수)가 의미부고 酉(닭 유)가 소리부로, 술독(酉)에 담긴 액체(水)라는 이미지를 통해 '술'을 그렸고, 이로부터 술, 술을 마시다, 술 자리 등의 뜻이 나왔다.

'술'은 이를 저장하는 그릇인 술독에 초점이 맞추어져 있는데, 술독을 그린 酉는 아래의 바닥이 뾰족하고 위의 목은 잘록하게 설계되었으며 뚜껑을 사용하도록 설계되었다. 바닥이 뾰족하게 설계된 것은 고대 중국 문명의 중심지였던 황하 강 유역이 모래로 되어 바닥에 꽂아 놓기 좋도록 한 것이고, 잘록한 목과 뚜껑은 속에 담긴 술이 잘 숙성되도록, 또 그 향기가 새어 나가지 않도록 하기 위한 설계인 것이다.

중국의 술은 전통적으로 과일주가 아닌 곡주였는데, 기원전 70세기까지 기원이 거슬러 올라간다. 기장이나 수수쌀조 등의 곡물과 이를 발효시킬 누룩을 섞어 일정 기간 보관하면서 발효를 시키고(고대에는 기장으로 빚은 술을 酒, 쌀로 빚은 술을 醴(단술 례)로 구분하여 부르기도 했다), 술이 익으면 대나무 등으로 만든 용수를 받고 고인 맑은 술을 떠내면 淸酒(청주)가 되고 남은 찌꺼기에 물을 섞어 걸러내면 濁酒(탁주)가 된다. 그러지 않고 익은 술을 솥에 넣고 끓여 증류시켜 만든 것이 燒酒(소주)이고, 이 과정을 반복하면 도수가 높은 술을 얻을 수 있다.

증류법은 원대에 들어 몽골 등지에서 들어온 것으로 알려져 있으나 鬯(울창주 창)자의 갑골문(🍷)을 보면 향료를 첨가하여 소줏고리로 받아내는 모습을 하여 초기단계의 증류가 이루어진 것으로 볼 수도 있다. 즉 갑골문에서, 위쪽은 두 귀를 가진 시루 모양의 용기이고, 아래쪽은 국자(匕)가 아닌 내린 술을 받는 그릇이며, 중간의 ※나 ×로 표시된 부분은 기장과 누룩 등을 버무린 술의 재료로 보인다.

중국의 술은 전통적으로 과일주가 아닌 곡주였는데, 기원전 70세기까지 기원이 거슬러 올라간다. 기장이나 수수·쌀·조 등의 곡물과 이를 발효시킬 누룩을 섞어 일정 기간 보관하면서 발효를 시키고, 술이 익으면 대나무 등으로 만든 용수를 받고 고인 맑은 술을 떠내면 淸酒(청주)가 되고 남은 찌꺼기에 물을 섞어 걸러내면 濁酒(탁주)가 된다. 그러지 않고 익은 술을 솥에 넣고 끓여 증류시켜 만든 것이 燒酒(소주)이고, 이 과정을 반복하면 도수가 높은 술을 얻을 수 있다. 중국술은 燒酒가 주를 이루었고, 鬯은 그런 모습을 그린 것으로 추정된다.

22-3			
마실 **음**	**飮**	饮, [飲], yǐn	

 甲骨文 **會 訡 郙 訡 含 侢** 金文

含 訡 古陶文 **飲** 簡牘文 **尒含** 古璽

飮 說文小篆 **刕 龠** 說文古文

　'마시다'는 뜻의 飮은 지금은 모든 마실 것을 다 지칭하지만 옛날에
는 '술'에 한정하여 말했으며, 물을 마시는 것은 喝(꾸짖을 갈·목멜 애)로 구
분해 표현했다.

　飮은 食(밥 식)이 의미부이고 欠(하품 흠)이 소리부로, 입을 크게 벌려(欠)
먹을 것(食)을 마시다는 뜻을 그렸다. 그러나 이는 이후의 줄은 모습이고,
그전 원래 자형은 술독(酉·유)과 대로 만든 빨대(今·금)와 벌린 입(欠)으로 구
성된 飮(마실 음)으로 써, 술독에 빨대를 꽂아 '술을 마시는 모습'을 그렸거
나 술독을 통째로 들고 마시는 모습을 그리기도 했다.

　그래서 '술을 마시다'가 원래 뜻이다. 이후 지금의 食과 欠으로 된
구조로 바뀌었고, 뜻도 술을 마시는 것에서 일반적인 의미로 확장되
었고, 술 뿐 아니라 음료수 전체를 지칭하게 되었으며, 분을 삼키다
등의 뜻도 나왔다.

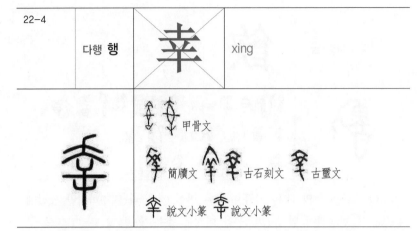

| 22-4 | 다행 **행** | 幸 | xìng |

甲骨文

簡牘文　古石刻文　古璽文

說文小篆　說文小篆

多幸(다행)은 "뜻밖에 일이 잘되어 운이 좋음"을 말한다. 글자대로 하자면 幸 즉 행복한 일, 운 좋은 일 등이 많다는 뜻이다.

한자에서는 무엇을 행복함이라 그렸고, 무엇을 운 좋음이라 그렸을까?

소전체에서는 㚔으로 써, 屰(逆·거스를 역)과 夭(어릴 요)로 구성되었는데 자형이 조금 변해 지금처럼 되었다. 屰은 거꾸로 선 사람을 그렸고 이로부터 '거꾸로'라는 뜻이 나왔다. 그래서 幸은 불행의 상징인 '요절(夭)'과 반대되는(屰) 의미로부터 '다행'이라는 뜻을 그려냈다.

이렇게 본다면 인간의 가장 큰 불행의 하나인 요절을 면하는 것, 즉 제명에 죽지 못하고 일찍 죽는 것을 면하는 것, 그것이 '행복'의 출발인 셈이다. 행복의 가장 소박하면서도 가장 적확한 의미를 반영한 셈이다. 이후 뜻밖의 행운이나 화를 면하다는 뜻으로부터 多幸(다행)과 幸福(행복), 총애, 희망 등의 뜻이 나왔다. 현대 중국에서는 倖(요행 행)의 간화자로도 쓰인다.

다만 갑골문에서의 ⌘은 손에 차는 형벌도구인 수갑을 그려 執(잡을 집)으로 해석하기도 하는데, 이후 형벌 받는 것을 면한다는 의미에서 '다행', '행복' 등의 뜻이 나온 것으로 해석하기도 하지만, 혹자는 이 자체가 㚔(놀랠 녑)으로 幸과는 다른 글자로 보기도 한다.

23

치(恥): 부끄러움, 인간의 최소 조건

곧바로 걸어야 할 길 도덕(道德)과 다르지 않아

염치가 깨지면 후안무치… 결과는 치욕만이 기다릴 뿐
상식 통하고 정의가 존중받는 건전한 사회 만들어 내야

부끄러움을 잘 모르는 세태를 걱정하는 사람들이 적지 않다. 염치가 깨지면 결과는
치욕뿐이라는 경고도 나온다.(그림: 월간중앙)

1. '지치득거(舐痔得車)'

중국 고대 철학자인 장자의 초상. 장자는 자신의 목적을 위해 수단과 방법을 가리지 않았던 세태를 비판했다.

옛날 전국(戰國)시대 때 송(宋)나라에 조상(曹商)이라는 자가 있었다. 한번은 송나라 임금을 대신하여 진(秦)나라로 사신을 가게 되었다. 진나라로 떠날 때에는 고작 몇 대의 수레만 주어져 다소 초라해 보였다. 하지만 진나라에 도착한 그는 잘난 세 치 혀로 진(秦) 왕을 극진히 잘 모셨다. 그러자 진나라 왕이 너무나 흡족해 하여 무려 1백 대나 되는 수레를 상으로 주었다. 그는 의기양양해 하며 송나라로 돌아와 장자를 만나 자랑하며 말했다.

"내가 그간 뭐 한다고 이 좁고 누추한 빈민굴에서 짚신이나 짜면서 비쩍 마른 목덜미에 갖은 두통에다 누렇게 뜬 얼굴로 구차하게 살았을까? 만승(萬乘)의 임금을 깨우쳐 1백 대의 수레를 얻는 재주가 있을 나에게 있다는 것도 모른 채 말이오!"

그러자 장자가 대답했다. "허허허, 그랬던가? 진나라 왕이 병이 나면 의사를 부르는데, 종기를 째고 고름을 빨아주는 자에게 수레 한 대를 주었다고 들었네. 치질을 핥아서 고쳐주는 자에게는 수레를 다섯 대 주었다고 하네. 치료하는 하는 곳이 더러울수록 하사했던 수레의 숫자가 늘어났지. 그런데 자네는 도대체 그의 어디를 어떻게 빨아 주었기에 백 대나 되는 수레를 얻었던가? 정말 더러워서 상종하기조차 싫다네. 썩 빨리 내 앞에서 꺼져버리게!"

『장자』에 나오는 '지치득거(舐痔得車)', 즉 '혀로 치질을 핥아주고 얻은 수레'라는 고사 성어이다. 자신의 목적을 이루기 위해 수단과 방법을 가리지 않고 체면조차 버렸던 당시의 세태, 또 그런 것을 아무렇지 않게 여기던 일상, 아니 재주라고 우쭐하며 자랑삼던 풍토, 그러나 그 일이 얼마나 부끄럽고 치욕스런 일인지, 윗사람에게 아첨하여 이익을 얻는 자의 비열함을 통박한 유쾌한 이야기이다.

「장자(莊子)가 조상(曹商)을 욕하다」, 莊樹鴻(河北師範大學), 2007년, 180*97센티미터.
출전: https://zhuangshuhong.artron.net/works?type=&keyword=莊子罵曹商圖

　　그러나 이는 사실 그 옛날의 이이야기에 그치지 않는다. 지금도 자신의 출세와 이익을 위해 갖은 부끄러운 방법을 동원하고도 그것을 재주라 여기는 풍토는 더했으면 더했지 모자라지 않아 보인다. 부끄러움은커녕 그것을 정의로 포장하고 더욱 떳떳이 여기며 당당해 하는 모습이 어찌 이와 다르다 하겠는가?

2. 몰염치(沒廉恥)의 시대

　　그야말로 몰염치의 시대다. 몰염치는 염치가 몰락하여 아예 없음을 말한다. 달리 무치(無恥)라고도 한다. 염치가 없다는 말은 양심(良心)이 없다는 말에 다름 아니다. 양심은 "도덕적 가치를 판단하여 선과 악, 옳고 그름을 깨달아 바르게 행하려는 의식"을 말한다. 무치한 사람은 자신의 행위에 대해 옳고 그름과 선악을 판단하는 도덕적 의식이 없음은 물론 그것을 깨달아 바르게 행하려는 의식조차 없기 때문에 '얼굴이 두껍기 마련이다.' 그래서 보통 후안(厚顔)이라는 말이 붙어 후안무치(厚顔無恥)라는 말로 자주 쓰인다.

몰염치(沒廉恥)는 염치(廉恥)가 물속에 들어가 버린 듯(沒) 전혀 보이지 않음을 말하고, 무치(無恥)는 염치(恥)가 없다(無)는 말이다. 사람 치고 어찌 염치가 어찌 전혀 없을 수 있겠냐만, 염치가 없다면 그것은 어떤 의도된 목적에 의식적으로 무시했기 때문일 것이다. 이 때문에 염치(廉恥)를 깨트려버리다(破)라는 뜻의 파렴치(破廉恥)라는 말도 나왔을 것이다. '염치도 모르는 뻔뻔스러움', 여기서 파(破)는 돌을 깨다는 뜻이다. 그 단단한 돌, 어지간한 힘으로는 깨트릴 수도 없는, 인간의 가장 깊은 속에 들어 있는 것이기에 깨트려서는 아니 되는 염치를 '깨트리다'는 뜻에서 파(破)가 어찌도 이렇게 적절하게 사용되었는지를 생각해 본다.

염치(廉恥)는 일찍부터 중국에서 나와 우리를 비롯한 동양인들에게 중요한 윤리 도덕 개념으로 자리 잡았고, 사람이 살면서 지켜야 할 중요한 가치로 존중되어 온 말이다. 일찍이 『순자』가 자신을 수양하는 법에 대해 언급하면서 등장한 말로 알려졌다.

파렴치(破廉恥), 염치가 깨어지고 나면 얼굴이 두꺼워지는 법, 후안무치(厚顏無恥)해 진다. 그러나 그 결과는 오로지 치욕(恥辱)만이 기다릴 뿐이다. 더구나 자연인이 아니라 나라의 지도자가 그렇다면 그 치욕은 한 개인에 머물지 않고 나라 전체에 미치게 된다. 국가적 재앙이 아닐 수 없다. 그간 여러 차례 겪었던 우리의 국치(國恥)가 바로 무능하고 파렴치한 지도자들에 의해 만들어졌지 않았던가?

아무리 능력 뛰어나도 명분 없으면 무용

그래서 예로부터 강조해왔던 '수신제가치국평천하(修身齊家治國平天下)'는 여전히 유효하다. 천하를 다스리기 전에 자신의 나라부터 잘 다스려야 하고, 나라도 가정을 잘 다스려 남의 모범이 되었을 때 가능하며, 가정은 자신이 잘 수양되었을 때 평온해 질 수 있기 때문이다. 아무리 개인적 능력이 뛰어나다 해도, 자신이 잘못 수양되었고, 가정이 엉망이고 정의롭지 못하면, 나랏일을 할 명분 그 자체가 없어진다. 동양에서는 명분을 얻지 없으면 아무 것도 할 수 없다. 억지로 할 수는 있을는지 몰라도 제대로 이루어질리 만무하며, 궁극에는 개인의 치욕을 넘어서 국치로 갈 뿐이다.

3. 염치(廉恥)의 어원

염치(廉恥)를 잃으면 치욕(恥辱)에 이르고 만다는 것은 만고의 진리이다. 염치와 치욕에 공통으로 든 글자가 치(恥)이다. '양심의 부끄러움'을 한자에서는 어떻게 해서 치(恥)로 그려냈을까? 치(恥)는 글자 그대로 이(耳)와 심(心)이 경합한 글자이다. 그런데 이들이 무엇을 상징하기에 '치욕'을 뜻하게 되었을까?

이에 대해서는 몇 가지 가설이 존재한다. 먼저, 마음속(心)으로부터 느껴지는 양심의 가책으로, 얼굴이 빨개지고 귀(耳)가 붉어짐을 상징한다는 설이다. 사람이라면 누구에게나 양심이라는 것이 있고, 양심의 가책을 느끼면 아무리 숨기려 해도 그것이 자연스레 밖으로 드러나 얼굴이 붉어지고 귀가 빨개진다는 것이다. 둘째, 옳고 그름과 선악은 귀(耳)를 통해 마음(心)으로 전달되어, 양심으로 작동하게 되는데, 이러한 시스템 때문에 이(耳)와 심(心)을 결합하여 치(恥)를 만들었다는 것이다. 셋째, 옛날 전쟁에서 패하면 귀를 잘라 수급을 대신하던, 패배의 치욕에서 기원하였다는 설이다. 넷째, 또 聝(귀 벨 이)나 馘(귀 벨 괵) 등에 근거하여 귀를 베던 습속이 옛날의 형벌의 하나였다고 주장하기도 한다.

이들 중 어느 해설이 더 정확한 지를 확정할 수는 없지만, 양심의 가책으로 귀가 빨개지든, 전쟁에서 패한 포로의 귀를 잘라 전공을 내세웠든, 귀(耳)가 수치의 상징임은 분명하다.

귀를 자르던 형벌에서 치(恥)의 어원을 찾은 것은 영어의 '치욕'의 어원

색연필과 볼펜으로 도배가 되다시피 한 배우 김혜자의 대본. '국민 엄마'로 불리는 대배우지만 늘 겸손한 자세를 잃지 않는다.(사진: 월간중앙)

을 생각하게 만든다. 치욕을 뜻하는 'stigma'는 범죄자의 피부에 불에 달군 인두로 낙인을 찍던 데서 유래했다. 라틴어와 그리스어에서도 'stigma'로 썼는데, '스틱이나 뾰족한 도구'를 뜻하는 *steig-(PIE)에서 근원하여 '뾰족한 도구로 낸 표식, 펑크, 문신 마크' 등을 뜻했고, 다시 죄수들에게 '뜨거운 철로 태워서 피부에 표식을 남김'을 말했다.

이는 중국의 고대사회에서도 등장하는 묵형(墨刑)과도 비슷해 보인다. 묵형은 죄수의 얼굴에다 먹으로 문신을 새겨 그가 죄인임을 표식했던 제도이다. 그러나 서구에서는 불로 지진 인두로 낙인을 찍었으며, 부위도 얼굴에 한정되지 않고 등이나 팔 등 신체의 다른 곳에도 가능했다. 이러한 배경 때문에 '뾰족한 것으로 찌르다'는 뜻의 'stick'도 여기에서 근원했다. 물론 대문자로 쓴 'Stigmas'는 1670년대부터 '독신의 몸에 초자연적으로 나타나는 그리스도의 몸에 상처를 닮은 표식' 즉 '성흔(聖痕)'을 말하기도 한다고 알려졌다.

'염치'는 인간을 짐승과 구분하게 하고 인간을 인간답게 만드는 중요한 덕목의 하나이다. 그래서 그런지 보통 앞에 '도덕(道德)'이 붙어 '도덕 염치'라는 말을 많이 쓴다. '도덕'이 무엇이던가? 우주 만물의 운행질서, 그 질서를 따라가야 하고 걸어야 하는 인간의 길을 도(道)라 하고, 그 길을 가면서 갖은 유혹에도 한눈팔지 말고 바르게 걷는 '정직한 마음', 그 '곧은 마음'을 덕(德)이라 하지 않았던가?

치(恥)는 다른 글자에 비해 상당히 이후에 생겨난 글자이다. 소전체부터 등장하며, 『설문해자』에서 처음으로 이의 구조에 대한 해석이 이루어졌다. "치욕을 말한다(辱也). 심(心)이 의미부이고 이(耳)가 소리부이다."라고 하여 허신은 이(耳)를 소리부로 보았다.

그러나 이후에 등장한 치(耻), 치(誀), 치(聑), 치(䏈) 등과 같은 여러 이체자를 살펴보면, 이(耳)는 대체로 고정된 반면, 심(心)이 지(止), 언(言), 산(山), 정(正) 등으로 변한 것을 알 수 있다. 그래서 이(耳)는 단순한 소리부이라기 보다는 의미를 겸한 소리부일 가능성이 더 크다. 이 때문에 최근의 연구에서는 "심(心)과 이(耳)가 의미부이고, 이(耳)는 소리부도 겸한다."라고 풀이한다. 그래서 『설문』의 말처럼, '치욕(恥辱)'이 원래 뜻이고, "치욕을 느끼게 되면 얼굴이 붉어지고 귀가 벌개진다."거나 "치욕스런 말이 귀에 들어가면 마음에서 수치를 느끼게 된다."라는 해설처럼 '귀'가 더 중하게 다가오는 까닭이다.

恥 恥 恥 耻 耻 聑 䏈 誀

치(恥)의 여러 이체자들

염(廉)도 재미있는 글자이다. '청렴(淸廉)하다'는 뜻인데, 엄(广)과 겸(兼)으로 구성되었다. 엄(广)은 214부수 글자의 하나로, 옛날 거주 형태의 하나였던 동굴 집에 앞으로 처마를 내고 받침대를 그린 모습이다. 그래서 엄(广)이 들어가면 암(庵, 암자), 점(店, 가게), 부(府, 곳집), 고(庫, 곳집), 측(廁, 뒷간)에서처럼 달아낸 건축물을 뜻한다.

말을 거둬들이는 게 겸손의 출발

겸(兼)은 원래 두 개의 화(禾)와 손을 뜻하는 우(又)로 구성되어, 볏단 둘을 한 손으로 쥔 모습을 그렸다. 이로부터 '겸하다'는 뜻이 나왔으며, '아우르다'는 뜻을 가지게 되었다. 그래서 겸(兼)으로 구성된 글자들은 이러한 의미 지향을 가진다. 예컨대, 겸(謙)은 '겸손하다'는 뜻인데, 말(言)을 많이 하여 떠벌리지 않고 속으로 거두어들이는 것이 바로 '겸손'의 출발임을 보여준다. 또 겸(鎌)은 '낫'을 말하는데, 한 손으로 볏단을 쥐고 벨 수 있도록 고안된 금속 도구를 말한다. 겸(鉗)이나 겸(箝)은 죄수의 목에 채우는 형벌 도구인 '칼'을 말하는데, 마음대로 나대지 못하도록 목을 구속하는 쇠나 대로 만든 형벌 도구를 말한다.

엄(广)과 겸(兼)이 결합하여 만들어진 염(廉)은 원래 지붕에서 한곳으로 모이는 곳을 말했다. 밖으로 퍼져나가지 않고, 안쪽을 향해 한곳으로 모으다는 뜻에서 속으로 거두어들이다, 검소하다, 청렴하다는 뜻이 나왔다. 그래서 염치(廉恥)는 "체면을 차릴 줄 알며 부끄러움을 아는 것"을 말한다. 잘난 체하고자 하는 인간의 속성을 속으로 거두어들이고(收斂·수렴), 양심으로부터 생겨나는 부끄러움을 느낄 줄 아는 것이라는 뜻이다. 그렇다. 사람이 부끄러움을 느낀다는 것은 스스로 양심의 문제이고, 그래서 염치(廉恥)는 '인간이 곧바로 걸어야 할 길'을 말한 '도덕(道德)'과 다르지 않다.

4. '귀'의 상징: 총명함

'귀'를 뜻하는 이(耳)는 귀 모양을 그대로 그렸는데, 외이(外耳) 즉 귓바퀴와 외이도(外耳道)가 사실적으로 표현되었다. 물론 청각이 귀의 가장 중요한 기능이지만, 한자에서는 이러한 기능 외에 다양한 특수한 의미를 가지며, 거기에 맞는 합성자를 만들어 냈다. 이를 차례로 살펴보면 다음과 같다.

중요한 글자에 자주 귀(耳)가 등장하는 까닭

먼저, 이목구비(耳目口鼻)에서처럼 '귀' 그 자체를 지칭한다. 그러나 이목(耳目)은 '귀와 눈'이 원래 뜻이지만, '다른 사람의 주목'이나 '얼굴 생김새' 전체를 상징하기도 한다. 그만큼 귀가 신체 부위에서 중요한 부위임을 보여준다. 그것은 생활에서 눈과 함께 가장 중요한 기능을 담당하기 때문일 것이다. 聾(귀머거리 롱)은 소리를 들을 수 없는 사람을 말한다. 또 이(耳)가 셋 보인 섭(聶)은 귀에 대고 '소곤거리다'는 뜻이며, 여기에 수(手)가 더해진 섭(攝)은 '당기다'는 뜻인데, 손으로 귀를 당겨 소곤대는 모습을 선명하게 그렸다.

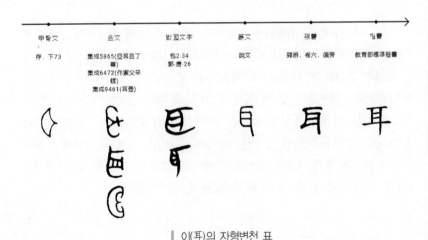

甲骨文	金文	盟書文字	簡文	隸書	楷書
存. 下73	集成5865(亞耳且丁卣) 集成6472(作索父辛釋) 集成9461(耳壺)	包2·34 郭·唐·26	說文	隸辨. 卷六. 偏旁	敎育部標準楷書

▎이(耳)의 자형변천 표

나아가 이(耳)는 사람의 귀뿐만 아니라 '귀처럼 생긴 것'이나 '두 쪽으로 갈라진 것' 등도 지칭한다. 예컨대, 버섯의 일종인 목이(木耳)는 나무에서 자라는 사람 귀처럼 생긴 버섯을 지칭한다. 다만 색깔이 검지 않고 흰색이면 은이(銀耳)라고 부르는데, '흰 목이버섯'을 말한다. 그런가 하면 정이(鼎耳)라는 말도 있다. 옛날 청동 제기의 대표였던 정(鼎)의 귀(耳)라는 뜻인데, 정은 발이 세 개이고 귀가 두 개이며 둥근 배를 특징으로 한다. 무거운 정(鼎)에 막대를 끼워 메거나 들고 가도록 고안된 몸통 양 쪽으로 솟은 두 귀가 사람 머리의 양편으로 붙은 귀를 연상시켜 이(耳)라 부르게 되었다. 그것은 이방(耳房)도 마찬가지인데, 정방(正房)의 양편으로 늘어선 방을 말한다.

둘째, '듣다'는 뜻인데, 『급취편』 등에서도 이(耳)를 '듣는 감각기관'이라고 하여 귀의 청각기능을 강조했다. 예컨대, 문(聞)은 문(門)사이로 귀(耳)를 대고 엿듣는 모습에서부터 '듣다'는 뜻을 그려냈다. 또 청(聽)은 이(耳)와 悳(덕 덕)이 의미부이고 壬(좋을 정)이 소리부로, 귀(耳)로 듣는다는 뜻이다. 금문에서는 이(耳)와 口(입 구)로 이루어져 말(口)을 귀(耳)로 듣는다는 뜻을 그렸는데, 구(口)가 두 개로 변하기도 했다. 소전체에 들어 소리부인 壬(좋을 정)이 더해졌으며, 곧은 마음(悳)으로 발돋움 한 채(壬) 귀(耳) 기울여 듣고 청을 들어준다는 뜻을 반영했다. 듣다는 뜻 이외에도 받아들이다, 판결하다, 판단하다 등의 뜻이 나왔다. 여기서 파생한 청(廳)은 广(집 엄)이 의미부고 청(聽)이 소리부로, 대청(大廳) 마루가 갖추어진 관아를 말했다. 관아는 일반 민중들의 의견을 잘 청취하고 아픈 사연들을 귀담아들어야(聽) 하며, 그런 사람들이 머무는 큰 집이나(广) 장소임을 웅변했다.

셋째, 총명함의 상징으로서의 '귀'이다. 『설문해자』에서는 귀를 두고 "총명함을 주관하는 기관"이라 하여 총명함과 귀의 연관성이 일찍부터 주관했다. 한자에서 총명하다는 뜻의 총(聰), 성인을 뜻하는 성(聖) 등에도, 빛나다는 뜻의 경(耿)에도 이(耳)가 들었고, 관직을 뜻하는 직(職)에도, 깨달음을 뜻하는 영(聆)에도, 초빙하다는 뜻의 빙(聘)에도 이(耳)가 들었다.

보물 제141호인 대성전에는 공자·맹자를 비롯한 중국 위인 21명과 설총·최치원 등 우리나라 위인 18명 등 총 39명의 위패가 안치돼 있다.(사진: 월간중앙)

총(聰)은 이(耳)가 의미부고 悤(바쁠 총)이 소리부로, 훤히 뚫린 밝은(悤) 귀(耳)로써 남의 말을 잘 들어 살핌을 말했고, 이로부터 '총명(聰明)함'의 뜻이 나왔다.

또 성(聖)은 이(耳)와 구(口)가 의미부고 정(壬)이 소리부로, 남의 말을 귀담아듣는 사람이라는 의미를 그렸다. 갑골문에서는 🖾와 같이 써 사람(人)의 큰 귀(耳)와 입(口)을 그렸고, 금문에서는 사람(人)이 발돋움을 하고 선(壬) 모습을 그렸는데, 귀(耳)는 '뛰어난 청각을 가진 사람'을, 구(口)는 말을 상징하여, 남의 말을 귀담아들어야 하는 존재가 지도자임을 형상화했다.

그런가 하면, 직(職)은 이(耳)가 의미부고 戠(찰진 흙 시)가 소리부로, 직무, 직책이라는 뜻인데, 남의 말을 귀(耳)에 새기는(戠) 직책을 말해, 언제나 남의 자세한 사정을 귀담아듣고 남을 위해 봉사하는 것이 직무(職務)의 원뜻임을, 그런 일은 영민한 사람이 맡아야 하는 것임을 웅변해 주고 있다.

나아가 빙(聘)은 이(耳)가 의미부고 甹(말이 잴 병)이 소리부로, 방문하다, 초빙하다는 뜻인데, 훌륭한 사람(耳)에게 물음을 구하고 귀담아듣기(耳) 위해 말을 달려(甹) 찾아가고 물어보다는 뜻을 그렸고, 이로부터 초빙(招聘)에서처럼 훌륭한 사람을 모시다는 뜻도 생겼다.

늘어진 귀는 이처럼 총명함의 상징으로 여겨졌다. 경(耿)도 "귀가 늘어져 뺨에 붙다"는 뜻이지만, 총명함의 상징으로 쓰인다. 또 탐(耽)도 '큰 귀'나 '늘어진 귀'를 말했는데(『설문해자』), 늘어진 큰 귀는 길상의 상징이었다. 반면 짧은 귀는 서구처럼 악마의 상징으로 여겨졌다. 또 담(耼)은 귓바퀴가 없는 '귀'를 말한다고 하지만, 어원적으로 보면 귀(耳)가 늘어진(冉) 모습을 그렸다. 최고 현자의 상징인 노자의 이름이 담(耼)인데, 귀가 축 늘어진 모습으로 그려졌다. 부처의 모습도 마찬가지인데, 모두 지혜의 상징을 반영한 것으로 보인다. 그 외에도 '나이 예순 살'을 뜻하는 이순(耳順)은 모든 말이 귀에 순조롭게 들린다는 뜻을 담았다. 그 나이가 되면 인생살이에서 지혜로움을 다 얻을 나이라는 뜻이다. 농경사회를 살면서 경험이 특히 중시되었던 중국에서 60갑자가 한 바퀴 도는 60이라는 나이는 장수의 상징이었고, 이 나이는 모든 경험과 지식과 지혜가 완성되는 상징으로 여겨졌을 것이다.

5. 귀의 상징: 수치

귀를 잃는 건 곧 생명을 잃는 것과 같아

넷째, 수치(羞恥)의 상징으로서의 '귀'이다. 한나라 때의 백과사전인 『백호통의(白虎通義)』에서는 귀를 두고 "마음의 징후(心之候)"라고 했다. 인간에게서 가장 중요한 신체기관인 심장의 대표가 '귀'이고, 마음에서 작동하는 부끄러움도 귀를 통해 나타난다는 것이다. 그래서 귀를 잃는 것은 심장을 잃는 것이요, 생명을 잃는 것이요, 그래서 수치의 상징이 되었다. 앞서 말한 치(恥)가 대표적이다. 이는 취(取)나 련(聯)이나 괵(聝) 등에서 그 연원을 찾을 수 있다.

취(取)는 이(耳)와 又(또 우)로 구성되어, 전공을 세우려 적의 귀(耳)를 베어 손(又)에 쥔 모습이며, 이로부터 (귀를) 베다, 가지다, '빼앗다', 채택하다 등의 뜻이 나왔다. 여기서 파생한 취(娶)나 취(聚)나 총(叢) 등도 모두 이러한 뜻을 갖고 있다.

전쟁에서 잡은 적의 귀를 베던 모습은 련(聯)과 괵(聝)에서 더욱 적나라하게 표현되었다. '잇다'는 뜻의 련(聯)은 원래는 이(耳)와 絲(실 사)로 구성되었는데, 사(絲)가 련(絲)으로 변해 지금처럼 되었다. 『설문해자』에서는 "귀가 뺨에 붙어 있다"라고 했는데, 이후의 파생 의미로 보인다. 갑골문에서는 귀를 실로 꿰어 놓은 모습이다. 전쟁에서 잡은 포로의 귀를 베어서 실(絲)로 꿰어 놓은 끔찍한 모습을 그렸던 것이 『설문해자』에서 부드럽게 표현된 것

▎교토(京都) 히가시야마(東山)구에 있는 귀 무덤. 임진왜란 당시 일본군이 조선군과 양민을 학살한 증거다.

이 아닌가 생각된다. 이로부터 연결되다는 뜻이, 다시 대련(對聯)에서처럼 짝을 이루다는 뜻도 나왔다.

귀를 잘라 전공을 헤아리던 습관은 임진왜란 때도 경험했다. 정유재란 때 왜군들이 우리의 귀를 잘라 본국으로 가져가 무덤을 만들고 전공을 기억했다. '귀 무덤'이라 불리는 이총(耳塚)이 그것인데, 우리에게는 치욕의 상징이다. 마에다 켄지 감독이 만든 임진왜란의 참상을 잘 그린 다큐멘터리 영화『월하의 침략자 (Invaders in the Moonlight, 2009)』에도 등장한다.

그런가 하면 '귀를 베다'는 뜻의 괵(聝)은 首(머리 수)가 의미부이고 或(혹시 혹)이 소리부로, 적이나 포로의 귀를 베다는 뜻인데, 옛날의 전쟁에서는 귀를 베서 수급을 대신하였고 이로써 전공을 헤아렸다. 괵(聝)은 달리 괵(馘)으로도 쓰는데, 이(耳)가 수(首)로 바뀌었다. 이는 자신의 영역(或)을 지키는 싸움(戈)에서 필연적으로 일어나게 되는 '목(首) 베기'를 형상화한 글자이며, 이로부터 베다, 포로, 끊다, 살육하다 등의 뜻이 나왔다. 목 대신 자른 귀(耳)로 전공(戰功)을 헤아렸다는 뜻에서 베어낸 귀를 뜻하기도 했다. 이처럼 귀는 전쟁에서 이긴 자에게는 전리품이자 철저한 유린의 상징이고, 전쟁에서 진 자에게는 치욕의 상징이었다.

다섯째, 귀처럼 부드럽다는 뜻이다. 중요한 한약재이자 보약으로 쓰이는 녹용(鹿茸)의 용(茸)이 그것이다. 용(茸)은 초(艸)와 이(耳)로 구성되었는데, 사슴의 뿔이지만 '막 자라난 새싹처럼 부드러운' 것이라는 의미를 담았다. 혹자는 잎에 미세한 솜이 촘촘하듯 '잔 솜이 난' 녹용을 말하는데, 상징이 크게 달라 보이지는 않는다. 이외에도 이손(耳孫)이라는 말이 있는데, 자신으로부터 계산해서 8대까지의 손자를 말하는데, 잉손(仍孫)과 같은 말이다.

6. '염치론'

강소성 곤산시에 있는 고염무(顧炎武)의 생가.

　고염무(顧炎武, 1613~1682)는 명나라 말과 청나라 초기라는 격변의 시대를 살았던 한 실증주의자이다. 『일지록(日知錄)』으로도 유명한 그는 염치에 관한 유명한 글을 남겼다. 「염치론」이 그것인데, 학문을 하기 전 먼저 사람이 되어야 한다는 천고의 원리를 설파하면서 인격에 필요한 것으로 '예(禮), 의(義), 염(廉), 치(恥)' 즉 4가지 핵심 개념(四維)이 필요하다고 했다. 이 4가지 핵심 개념이 진작되지 않으면 나라는 망하고 만다고 했다. 그것은 예의(禮義)라는 것이 남을 다스리는 커다란 법(治人之大法)이라면, 염치(廉恥)라는 것이 사람이 바로 서는 커다란 규칙(立人之大節)이기 때문일 것이다. 그래서 "천하의 흥망은 필부라도 모두 책임이 있다(天下興亡, 匹夫有責)"라는 유명한 말을 남겼다.

오래 전 맹자도 말했다. "사람이 부끄러움이 없으면 아니 된다. 부끄러움 없음을 부끄러워한다면, 부끄러움이 없을 것이다.(人不可以無恥. 無恥之恥, 無恥矣.)"(「진심·상」) 염치는 인간이 인간으로 서는 최소한의 출발이요, 인간이 인간으로서 기능하는 최소의 요건이다. 개인 자신은 물론 나라의 흥망을 좌우하는 근본적 요소이다. 개개인이 염치를 상실하면 나라 전체가 치욕을 당하는 법이다. 국치(國恥)는 그래서 만들어진다.

7. 이 시대의 염치와 인간성 회복

어쩌다 이 지경이 되었을까? 정말 염치가 상실된 시대를 살고 있다. 몰염치와 무치를 넘어서 파렴치와 후안무치가 일상이 된다. 인간이 만들어 놓은 최소한의 금기 규칙인 법을 범하지만 않으면, 아니 법을 범했음에도 범법 사실이 증명되지만 않으면 떳떳하고 오히려 그것을 재주라 능력이라 여기는 사회가 되어 버렸다.

범법을 재주로 여기는 사회

죄의 유무로 개인과 사회적 존재 조건을 판단하는 것이 아니라 부끄러움과 염치를 아는 사회, 그것을 가능하게 할 양심과 도덕과 인간성의 회복이 시급한 시점이다. 그리하여 상식이 통하고 상식이 살아 있는 사회, 옳음과 정의가 존중받는 그런 건전한 사회가 만들어져야 한다. 부끄러움과 염치를 잃어버린 사회는 더 이상 희망이 없기 때문이다.

23-1	부끄러워 할 **치**	恥	耻, chǐ
耵		耵耵耻 簡牘文 耵 說文小篆	

恥辱(치욕)은 "수치와 모욕을 아울러 이르는 말"이고, 羞恥(수치)는 "다른 사람들을 볼 낯이 없거나 스스로 떳떳하지 못함이나 그런 일" 즉 부끄러움을 말한다. 인간이 인간다운 것 중의 하나가 스스로 양심에 의해 느끼는 부끄러움을 갖는 것일 것이다.

이런 '부끄러움'을 한자에서는 어떻게 그렸을까? '마음' 뿐 아니라 '귀'에서 그 모습을 찾고 있다는 점은 특이하다. 즉 恥는 心(마음 심)이 의미부이고 耳(귀 이)가 소리부로, 부끄러워하다, 수치스럽게 여기다는 뜻이다. 수치는 마음(心)으로부터 느끼며 수치를 당하면 귀(耳)가 붉어진다는 의미를 그렸다. 恥의 이체자가 耻임을 고려하면 부끄러움의 중심이 '마음[心]' 보다 '귀[耳]'에 있음을 알 수 있다.

중국에서는 수치심이 생기면 귀뿌리가 붉어진다고도 하며, 귀를 가리키는 손짓은 수치스런 행동을 하지 말라는 뜻이기도 하여, 귀는 取(취할 취)에서 보이는 것처럼 수치의 상징이기도 했다. 달리 耳가 의미부이고 止(발 지)가 소리부인 耻로 쓰기도 하는데, 현대중국의 간화자에서는 耻에 통합되었다.

23-2	청 렴 할 렴	廉	[廉, 槤], lián
廉		廉 簡牘文 廉 說文小篆	

"체면을 차릴 줄 알며 부끄러움을 아는 마음"을 뜻하는 廉恥(염치)도 인간을 인간답게 만드는 덕목 중의 하나이다.

그래서 "백성들에게 염치가 없으면 다스릴 수가 없고, 예와 정의를 닦지 않으면 염치가 수립되지 않는다.(民無廉恥, 不可治也. 非修禮義, 廉恥不立.)"(『회남자(淮南子)』)라는 말이 있을 정도로 전통적으로 중국에서는 '염치'의 중요성을 강조했다.

廉은 广(집 엄)이 의미부이고 兼(겸할 겸)이 소리부로, 집의 처마(广)가 한곳으로 모이는(兼) 곳이라는 의미에서 '모서리'의 뜻이 나왔다. 이후 모서리는 집에서 각진 곳이며, 각이 지다는 것은 품행이 올곧음을 상징하여 '淸廉(청렴)'이라는 뜻까지 나왔다.

역(易): 변화의 철리, 변해야 영원할 수 있다

"통하지 않으면 망하고 마느니"

안주한 채 새로운 환경으로 나가려 하지 않는 게 인간 속성
과거의 역사, 이전의 지혜 바탕 위에서 창의적 변화도 가능

한나라 때 문자학자 허신은 역(易)의 어원을 설명하면서 "역은 도마뱀의 일종을 그린 것"이라고 주장했다.(사진: 월간중앙)

1. 변해야 영원할 수 있다

『주역』에 이런 말이 있다. "궁하면 변하고, 변하면 통하고, 통하면 영원할 수 있다.(窮則變, 變則通, 通則久.)" 변화의 중요성을 역설한 말이다. 이를 거꾸로 읽으면 이렇게 될 것이다. "편하면 변하지 않고, 변하지 않으면 통하지 않고, 통하지 않으면 망하고 만다."

인간을 비롯한 모든 생물은 살아 있기에 변하기 마련이다. 변하지 않는 것은 생물이 아니다. 생물이라도 죽은 존재다. 이것은 상식이자 불변의 진리이다. 그러나 사람은 잘 변하지 않으려 한다. 그것이 인간의 속성이기도 하다. 인간이 가진 모순이 아닐 수 없다. 자신이 처한 환경에 안주하고, 새로운 환경으로 나가려 하지 않는다. 그래서 모험과 새로운 시작을 싫어하고 자꾸 과거로 이전으로 회귀하려 한다. 『주역』의 이러한 말은 이의 위험성을 선언한 경구가 아닐 수 없다.

『주역(周易)』은 달리 『역경(易經)』이라고도 하는데, '변화에 관한 경전'이라는 뜻이라 할 수 있다. 인간을 포함한 우주만물과 자연의 생성과 소멸 및 변화의 철리를 해석했다는 점에서 유가를 비롯한 중국의 중요한 고전이 되었다. 이 책은 주(周)나라 때에 만들어 졌다고 해서, 혹은 주나라 문왕(文王)이 만들었다고 해서 '주역(周易)'이라 불리기도 한다. 또 다른 해석은 주(周)가 주(週)와 같다는 점에 주목하여 모든 사물에 '두루' 적용되는 철리를 뜻한다고 하기도 한다. 혹은 주기(週期)에서 보는 것처럼 생성과 성장을 거쳐 소멸에 이르고, 다시 소멸은 생성을, 성장을, 소멸을 반복한다는 순환론처럼 우주만물의 변화 원리를 뜻한다는 설명도 있다.

여하튼 『주역』에서 변화의 원리를 설명하고 변화의 중요성과 함께 철리성을 설명한 것은 그 이름이 갖는 당연한 권리로 보인다. 그래서 유가의 최고 경전으로, 아니 그것을 넘어선 동양철학의 최고봉을 차지하게 된 것은 결코 우연이 아닐 것이다.

주나라 문왕이 상나라 말기 상왕에 의해 감금되어 『주역』을 편찬했다고 전해지는 유리성(羑里城). 중국 최초의 감옥으로 알려졌으며, 하남성 탕음에 있다.

2. 역(易)의 어원: 도마뱀

변화를 뜻하는 역(易)에는 '바뀌다'는 뜻도 있고, '쉽다'는 뜻도 있다. 또 자주 쓰이지는 않지만 '무시하다'는 뜻도 있다. 이런 뜻을 가진 역(易)은 간단한 글자이면서 상용자인데도 그 어원은 뜻밖에도 이론이 많아 논쟁이 끊이지 않는 글자이다. 그러나 그간의 해석을 요약하면 크게 다음의 세 가지로 나뉜다.

역(易)의 어원을 가장 먼저 설명한 사람은 한나라 때의 문자학자 허신이다. 그는 『설문해자』에서 역(易)이 도마뱀의 일종을 그렸다고 하면서, 이렇게 말했다. "도마뱀(蜥易) 즉 언전(蝘蜓), 다시 말해 수궁(守宮)을 말한다. 상형이다." 그는 소전체의 에 근거해, 윗부분은 머리를, 아랫부분은 발과 꼬리가 함께 더해진 몸통을 그린 것으로 보았음이 분명하다. 후세 연구가들에 의해 풀에 사는 것을 '석역(蜥易)' 즉 도마뱀을, 벽에 붙어다는 것을 '언전(蝘蜓)' 즉 도마뱀붙이를 말한다는 구분적 주석이 더해지기도 했다. 도마뱀이 자신을 보호하기 위해 색깔을 잘 바꾼다는 뜻에서 '바꾸다'는 뜻이 생긴 것으로 보았다.

변화를 두려워하는 인간 심리 반영됐다는 설도

이와 다른 해석은 역(易)이 일(日)과 월(月)의 구성으로 되었다는 설이다. 이는 허신의 시대에 이미 유행했던 것처럼 보인다. 『설문해자』의 이어지는 설명에서 이렇게 말했다. "『비서(祕書)』에서 역(易)이 일(日)과 월(月)로 구성되었는데, 음양(陰陽)이 계속 전화되는 의미를 담았다고 한다. 달리 일(日)과 물(勿)의 구성으로 보기도 한다." 역(易)이 도마뱀을 그린 것이 아니라 일(日)과 월(月)의 결합으로, 해가 지고 달이 뜨며 달이 지고 해가 뜨듯 서로 '바뀌다'는 의미를 담았다는 해설도 존재한다는 설명을 특별히 부기해 두었던 것이다. 자신의 어원사전에서 자신과 다른 해설을 첨부해 두었던 것은 그만큼 당시에 유행하였고 영향력 있던 설이었기 때문일 것이다. 그러나 허신 자신은 부기는 해 두되, '비서(祕書)'의 해설이라고 해, 이는 믿을 수 없는 자료이자 해석이라는 점을 우회적으로 표시했다.

  당나라 때의 육덕명(陸德明)은 『경전석문(經典釋文)』에서 이러한 해설이 『주역참동계(周易參同契)』라는 참위서에서 보인다고 했다. 『참동계』는 한나라 말 위(魏)나라 때의 백양(伯陽)이 지었다고 전해지는 초기 도가 경전의 하나로 연단술에 관한 내용이 많이 들어 있다. 그렇다면 『설문해자』에 부기된 다른 해설이 허신 당시의 '비서(祕書)'로 전해졌고, 한나라 말 때의 『참동계』에 직접 반영된 것으로 추정할 수 있다.

甲骨文	金文	戰國文字	篆文	隸書	楷書
前6.42.8 合集25	集成5378(小臣 卣) 集成4320(宜侯夨?) 集成3733(德?)	郭·語2·23 郭·老甲·25 信1·01	說文	楊震碑	敎育部標準楷書

역(易)자의 자형 변천표(http://chinese-linguipedia.org)

3. 역(易)의 또 다른 어원: 익(益)

그러나 20세기에 들어 갑골문이 발견되고, 고대 한자에 대한 연구가 활발해지면서 이와는 전혀 다른 새로운 해설이 등장했다. 갑골문 4대가의 한 사람으로 꼽히는 곽말약(郭沫若)의 주장이 대표적이다. 그는 청동기에 새겨진 금문 연구과정에서 역(易)자가 들어갈 자리에 익(益)자가 들어간 것을 발견하였고, 이에 근거해 이들이 같은 글자라고 주장했다. 즉 1957년 보고된 상해박물관 소장의 「덕방정(德方鼎)」을 비롯한 「덕원정(德圓鼎)」과 하버드 대학 포그(Fogg) 예술박물관 소장 「숙덕궤(叔德簋)」와 「덕궤(德簋)」 등 4점의 청동기 명문에서 사(賜: 상을 내리다)자가 들어가야 할 자리에, 한 곳에는 역(易)자가, 다른 세 곳에는 ⚱️ ⚱️ 등으로 표기된 것을 발견한 것이다.

⚱️과 ⚱️은 '더하다'는 뜻의 익(益)자이고, 익(益)은 '넘치다'는 뜻의 일(溢)의 원래 글자이다. 곽말약은 이들 글자의 관계에 근거해 볼 때, 역(易)은 익(益)이 줄어 만들어진 '줄임 형'일 것이라고 했다. 또 의미적으로는, '더하다(益)'는 뜻에서 '넘치다(溢)'는 뜻으로, 다시 '하사하다(賜)'는 뜻 등으로 연결되며, '더하거나' '주는' 것은 없는 것을 있는 것으로 '바꾸게' 되므로, '바꾸다'는 뜻이 나왔다고 했다. 이후 갑골문에서 찾아낸 🝔은 두 손으로 그릇의 내용물을 다른 그릇으로 옮기는 모습을 하고 있어 이런 모습을 더욱 형상적으로 보여주어 이의 설명을 뒷받침 했다. 이렇게 되면 자형은 물론 관련 의미의 파생 및 관련 글자들의 확장과정도 함께 설명 가능해 진다. 대단히 창의적이고 뛰어난 발견이 아닐 수 없다.

곽말약의 해설을 원용한다면, 청동기 명문에서 역(易)이 왜 ⚱️ ⚱️로 표기되었는지를 해명하고, 또 역(易)에서 분화한 사(賜)나 석(錫)이나 척(蜴)을 비롯해 척(惕), 척(剔) 등을 해석하는 데도 큰 도움이 된다. 즉 역(易)에 패(貝)가 더해진 사(賜)는 '하사하다'는 뜻인데, 주나라의 봉건제도에서 왕이 제후나 신하들이나 상을 줄 때 주는 중요한 하사품의 하나인 청동(金)과 조개화폐(貝)에 그 근원을 두고 있다. 또 역(易)에 금(金)이 더해진 석(錫)은 '주석'을 뜻하는데, 주석은 황동(구리)을 청동으로 변화시키는데 가장 중요한 금속의 하나이다. 상나라에서 주나라까지 청동기는 단순한 제가 아니라 권력이자 권위의 최고 상징물이었다. 그런 청동기를 만들 때 주석은 반드시 필요한 금속이었다. 황동에다 주석(錫)을 납과 아연 등과 적당한 비율로 첨가하면 용해점은 낮아지고 강도는 높아져, 질 좋은 '청동'이 만들어진다. 그래서 석(錫)에는 '청동으로 바꾸는 금속물'이라는 의미가 담겼다.

또 역(易)에 충(虫)을 더해 분화한 척(蜴)은 '도마뱀'을 뜻하는데, 몸 색깔을 잘 변화시키는 파충류(虫)라는 의미를 담았다. 나아가 척(剔)은 칼(刀)로 '깎아내다'는 뜻인데, 어떤 물체를 칼로 잘라 내면 다른 물체로 변한다는 뜻을 담았다. 또 척(惕)은 두려워하다는 뜻인데, 변화를 두려워하는 인간의 심리상태(心)를 반영했다.

곽말약(郭沫若, 1892~1978). 신 중국 성립 후 최고의 역사학자였다. 마르크스주의 이론에 근거해 중국의 고대사를 새롭게 해석하였고, 그러한 관점으로 갑골문과 금문 등을 해석해 전통과는 전혀 다른 새로운 해석을 구축하는 성과를 이루었다.(사진: 필자)

그러나 곽말약의 주장을 그대로 수용하기에는 다소 신중해야 할 필요가 있다. 우선 그가 논거로 삼았던 금문의 예가 매우 제한적이기 때문이다. 즉 사(賜=易)는 금문에서 매우 중요한 글자로 출현 빈도가 대단히 높은 글자인데, 그가 든 4점의 청동기에서만 역(易) 대신 𧼪으로 등장할 뿐이다. 게다가 이들 4점도 개별 기물이긴 하지만 한 집에서 동시에 만들어진 세트임을 고려한다면 기물 제조자의 개별적 특성을 반영하였을 가능성도 크다. 게다가 갑골문에 𤓰라는 자형이 존재하긴 하지만, 이것도 사례가 너무나 적어 곽말약의 주장대로 익(益)의 줄임 형이 역(易)인지, 아니면 익(益)과 역(易)이 개별적으로 존재하다가(혹은 𧼪이나 𤓰이 전혀 다른 개별 글자일 수도 있다) 서로 빌려 쓴 것인지, 즉 '가차'의 관계인지도 불분명하다. 게다가 곽말약이 이 글자에 주목했던 것에 '특수한 목적'이 깔려 있었다는 점도 깊이 생각해보아야 할 문제이다. '특수한 목적'이란 다름 아닌 신 중국 초기의 국가적 과제였던 한자의 '간화'에 필요한 역사적 근거가 절실히 필요했던 사실을 말한다.

1949년 성립한 신중국의 국가적 과제의 하나가 한자와 유가사상의 폐기였다. 세계의 중심 '중국'을 서구에 뒤지게 한 원흉이 이것들이라고 여겼기 때문이다. 신중국의 국가 싱크 탱크였던 중국사회과학원의 초대 원장을 맡았던 곽말약은 한자 간화의 주도자였고, 그가 주나라 금문에서 발견한 한자 간화의 실례는 간화의 역사를 주나라 때까지 앞당겼다. 나아가 간화가 한자 역사 발전의 '법칙'이며, 이 때문에 한자를 줄이고 폐기하여 알파벳문자로 갈 수밖에 없다는 당위성을 설명해 줄 좋은 자료가 되었다.

이러한 점들을 고려한다면, 역(易)이 익(益)의 줄임 형이라는 곽말약의 주장을 있는 그대로 받아들이기에는 어려워 보인다. 더구나 곽말약의 학문적 권력도 사라졌고, 1986년에 이미 한자의 폐기 내지 간화도 잘못된 정책임을 국가적으로 선언했으며, 지금은 한자를 미래의 문자로 만들고자 하는 중국의 분위기에서 이를 수용하는 사람도 그리 많아 보이지 않는 것이 사실이다.

도마뱀 그렸다는 전통적 해설이 가장 설득력 있어

이처럼 역(易)의 어원에 대한 여러 해설이 있지만, 그래도 도마뱀을 그렸다는 전통적인 해설이 여전히 가장 믿을만한 것이 아닐까 생각한다. 보호를 위해 쉽게 자신의 몸 색깔을 바꾼다는 뜻에서 '바꾸다'의 뜻이, 다시 '쉽다'는 의미가 나왔으며, 이후 의미를 더욱 추체화하기 위해 척(蜴)이 만들어졌고, 의미의 세분을 위해 분화한 석(錫)이나 사(賜)나 척(惕)이나 척(剔) 등을 설명하는데도 전혀 문제가 되지 않기 때문이다.

다만 이후의 철학서들에서 역(易)을 일(日)과 월(月)의 구성으로 해석한 것은 오류라기보다는 이를 보다 철리화하고자 한 결과라고 이해할 수 있다. 일상생활에서 관찰할 수 있는 해와 달의 운행을 통해, 우주의 변화 원리를 설명하고, 이것이 천지만물의 고유한 변할 수 없는 법칙임을 천명한 것이다. 이렇게 함으로써 역(易)은 보통의 사물에서 생성된 일반적 개념에서 철리적 해석을 거쳐 숭고한 철학적 개념으로 변했다.

| 곽말약 기념관, 사천성 낙산(樂山)시 사만(沙灣)에 있는 생가에 만들어졌다.(사진: 필자)

4. 변(變)과 역(易)

변화나 바꾸다의 뜻을 가진 한자는 역(易) 이외에도 여럿 있다. 개(改)도 있고, 경(更)도 있고, 환(換)도 있고, 또 변(變)도 있다. 개(改)는 아이(巳)를 회초리로 훈육하며(攴=攵) 다른 모습으로 변화시키는 것을 그렸고, 경(更)은 손(又)으로 어떤 물체를 옮기는 모습을 그려 위치의 이동이나 변경을 말했고, 환(換)은 환(奐)이 『설문해자』의 해설처럼 "사람(人)이 높은 동굴 집(穴) 위에 서 있는 모습"임을 고려하면, 어떤 것을 집으로 가져와 '바꾸다', 교환하다, 변환하다는 의미를 그린 것으로 추정된다.

말(言)은 언제나 변하기에 믿을 수 없어

변(變)은 역(易)과 가장 가까이 위치하여 자주 연결되는 글자이기에 이의 어원은 눈여겨보아야 할 부분이 있다. 변(變)은 지금의 구조에서도 볼 수 있듯, 攴(攵·칠 복)이 의미부고 䜌(어지러울 련)이 소리부로, 강제하여(攴) '바꾸다'는 뜻인데, 말(言)은 항상성을 지닌 것이 아니라 언제나 변하여 믿을 수 없는 것임을 반영했다. 이로부터 변경(變更)하다, 변화(變化)하다, 사변(事變) 등의 뜻이 나왔다. 구조가 복잡하여 약자에서는 䜌(䜌)을 역(亦)으로 줄여 변(変)으로 쓰기도 한다. 현대 중국의 간화자에서는 복(攵)을 다시 又(또 우)로 줄인 변(变)으로 쓴다.

변(變)의 주요 의미는 강제하다는 뜻의 복(攵)에서 형성된 것으로 알려져 있다. 그러나 사실은 언(言)이 더 중요한 기능을 하였다고 보여 진다. 한자에서 언(言)으로 구성된 글자들은 살펴보라. 이들은 언제나 '항상성을 지니지 못하며", 믿을 수 없는 것으로, 부정적인 존재로 인식되고 있다. 왜 그럴까? 앞에서도 밝혔지만(제1권 "02_음성중심주의와 문자중심주의: 문(文)" 참조), 언(言)이 큰 퉁소를 그린 악기에서 출발했고, 언(言)이 사람의 말이 아닌 악기의 '소리'에서 출발했기 때문일 것이다. 그 결과 한자에서 언(言)은 서구 문명에서의 '문자'처럼 영혼을 담지 못한 존재로, 가변적이며 믿을 수 없는 존재로 인식되었다. 이는 사람의 영혼을 육체로부터 분리시키기 위해 시신에 칼집을 낸 문(文)이 출발에서부터 사람과, 그리고 영혼과 관련되어 매우 숭고한 의미를 지니는 것과 대조를 이룬다.

이렇게 본다면 역(易)이나 변(變)이나 모두 인간이나 영혼과는 관계되지 않고 도마뱀이나 퉁소 등, 사물의 형상과 특성에서 기원하였다. 그런 의미에서 '변하다'는 뜻의 영어 'change'가 굽(히)다, 전환하다 등에서 출발한 것과도 큰 의미에서는 차이를 보이지 않는다.

5. 『역경』과 4차 산업혁명 시대의 변화

『역경(易經)』은 동양 최고의 경전이라 해도 과언이 아니다. 이 책에서는 '변화에 관한 책'이라는 뜻처럼 우주 만물과 이 세상의 변화원리를 불변의 도(道)로 보고, 그에 관한 다양한 이치와 응용 가능한 실례를 설명하고 있다. 이 세상에 변하지 않는 것이 있던가? 더구나 지금은 변화가 상상할 수 없는 빠른 속도로 진행되는 시대다. 잠시라도 그 자리에 머물러 변화에 뒤처지면 그야말로 완전히 도태되고 무용의 존재로 전락해버리는 그런 시대를 살고 있는 것이다.

새로운 영역 점령하기 위한 열강들의 각축전

인류 문명의 역사를 보면, 생존을 위한 관심 영역과 개척의 대상이 시대를 달리하며 끊임없이 변해왔음을 알 수 있다. 처음에는 우리가 발을 딛고 사는 이 땅, 즉 육지가 그 주된 대상이었다. 육지에 대한 개척과 정복, 그 과정에서의 투쟁사가 바로 인류의 기나긴 한 역사였다. 그러다가 육지의 한계를 인식하고 다른 새로운 영역으로의 확장, 즉 바다로의 확장이 또 다른 한 시대를 이끌었다. 15세기 말 대항해 시대를 열었던 서구의 역사가 이의 진정한 시발이었을 것이다. 당시만 해도 육지 보다 훨씬 작고 좁은 영역으로 생각했던 해양이었지만, 5백여 년이 지난 지금은 해양의 거의 모든 것을 속속들이 파헤쳐 모르는 것이 없게 되었다. 또 해양의 영역은 물론 해양에 존재하는 자원의 소유권까지도 거의 정리된 상태이다. 더 이상의 확장성은 이미 소진되었다 하겠다.

이제 어디로 나갈 것인가? 어디로 확장할 것인가? 우리가 살고 있는 이 지구를 벗어난 영역, 바로 우주가 그곳이다. 가까운 달부터, 화성을 비롯한 태양계의 여러 행성들, 나아가 끝도 없는, 생성과 소멸의 원리조차 잘 알려지지 않는 저 미지의 우주, 그곳을 탐험하며 인식하고 결국에는 지배하려는 경쟁이 시작된 것이다. 마치 대항해 시대, 앞다투어 미지의 세계를 탐험해 재부와 제국을 세웠던 것처럼, 제국을 꿈꾸는 대국들이 이의 탐사와 개발에 경쟁적으로 뛰어들고 있다. 그 이유가 바로 여기에 있다.

또 다른 하나는 우리가 살고 있는 이 땅에서의 새로운 영역에 대한 개척이다. 즉 4차 산업혁명 시대가 상징해 주는 네트워크, 연결망, 관계에 대한 영역이다. 사람과 사람이 연결되었고, 사람과 사물이 연결되었고, 이제는 사물과 사물이 서로 연결되는 초연결망의 시대가 열린 것이다. 포스트 휴먼 (posthuman)도 정보나 기기와 연결이 배제된 존재는 이미 존재가 아님을 천명한다.

그래서 제국의 역사를 보면 이러한 단계에서 누가 먼저 새로운 영역을 앞서 점령하느냐가 새로운 세계의 주인이 되었다. 육역(陸域)에서, 해역(海域)으로, 다시 우주역(宇宙域)으로, 그리고 연결역(連結域)으로 확장하면서 말이다. 중국은 일찍부터 농경사회를 살면서 육역을 지배했으나, 해역으로의 확장에 실패해 근대 이후 제국이 되질 못했다. 반면 유럽 제국들은 16세기를 전후해서 육역을 벗어나 해역을 개척하고 그에 대한 패권 장악에 나섰고, 그것을 장악한 가진 나라가 세계의 제국이 되었던 것이다. 포르투갈과 스페인과 네덜란드, 영국과 미국 등 모두 이런 과정을 거쳤다.

21세기가 된 지금은 우주의 선점과 연결망을 지배하는 자가 진정한 제국이 될 것이다. 그 연결망은 데이터의 축적이 관건이다. 그것은 빅(big)데이터도 있고 스몰데이터(small date)도 있다. 구글이나 아마존이나 페이스북 등이 이러한 데이터를 수집하고 축적하며 분석하고 활용하는데 사활을 건 것도 이 때문이다. 지금의 시대를 DT(데이터 테크놀로지)시대라 하는 것도 이 때문일 것이다. 중국도 근대 이후의 치욕의 역사를 설욕하고 새로운 제국이 되기 위해 발버둥치고 있다. 바이두나 알리바바, 위쳇과 틱톡 등을 통한 데이터의 축적과 이를 통한 미세한 연결망의 구축이 그것이다. 그것의 결정체가 인공지능일 것이다.

우주역의 개척은 1950년대 이후 냉전시대의 두 축이었던 구소련과 미국에 의해서 주도되었고, 늦었지만 최근 중국이 '우주굴기'라는 이름하에 외우주에 대한 탐험과 연구가 본격적으로 시작된 것도 시대적 변천과 제국의 역사에 대한 능동적 적응에 다름 아니다. 우리가 눈 여겨 보고 배워야 할 부분이다.

이처럼 거대한 담론만 그런 것은 아니다. 모든 영역이 다 그렇다. 특히 자본주의 사회를 사는 지금, 상품과 시장의 변화는 매우 직접적으로 우리와 '연결'되어 있다. 우리를 둘러싼 주변에서 이루어지는 시장의 급격한 변화는 이러한 패러다임의 빠른 변화, 이것의 결정성을 보여준다. 상품의 오프라인 시장에서 온라인 시장으로의 변화, 생산자 중심의 시장에서 구매자 중심의 시장, 교육자 중심의 교육에서 소비자 중심의 교육, 개인 소유에서 공유로의 변화 등등 이루 열거할 수가 없다.

우리에게 익숙한 와인도 그렇다. 로마의 후광은 입은 이탈리아 독점 시대는 나폴레옹 3세의 와이너리에 대한 등급 부여로 순식간에 그 중심이 프랑스로 이동했다. 그리하여 유명 와이너리에 의해 모든 것이 결정되는 '생산자 주권 시대'가 열렸다. 그것이 영원한가 했지만 1980년대에 들어 로버트 파커라는 한 미국인이 도입한 100점 체계라는 너무나도 평범한 평가체계와 블라인드 테스트라는 기존의 기득권 파괴 시스템으로 세상이 다시 완전히 바뀌었다. '평론가 주권 시대'가 열린 것이다. 그러나 그것도 2010년대에 들어서는 Vivino 등과 같은 평가 앱(App)의 출현으로 또 다른 새로운 세계로 변하고 있다. 소수의 전문가들이 평가하던 한정된 종류와 소수의 입맛으로부터 모든 종류를 발굴하고 모든 사람이 평가하고 함께 즐기는 '소비자 주권시대'로 진입한 것이다.(홍익희, 와인패러다임의 변화) 소수의 독점과 일방적 소통에서 다중이 참여하고 상호 소통하는 진정한 인터랙티브 시대가 열리고 있다.

폭발적 인기를 얻고 있는 유튜브도 마찬가지이다. 기존의 대형 방송국이라는 일방적 통신에서 개인 모두가 방송국이 되고 함께 즐기는 상호 통신의 시대로 전이한 것이다. 구글과 아마존과 페이스북, 바이두와 알리바바와 위챗 등이 모든 산업을 선도하고 있는 것, 공유경제와 인공지능이 미래 산업의 전면에 올라 시대의 화두가 된 것도 바로 지금의 시대적 변화의 반영이리라.

┃ 와인 시장의 패러다임을 바꾼 로버트 파커(Robert Parker, 1947~)

이런 의미에서 『주역』에서 선언했던 변해야 산다는 말은 지금도 매우 유효하다. 아니 영원히 유효할 것이다. 변화도 단순한 변화가 아니라 창의적 변화가 필요하다. 그 누구도 생각지 못했던 혁명적 창의적 변화가 필요하다. 그러나 그러한 혁명적 창의적 변화가 그냥 오는 것이 아니다. 여전히 전통에 대한, 과거의 역사, 이전의 지혜의 바탕 위에서 가능하다.

6. 다시 온고지신(溫故知新)으로

옛것 익혀 새것 터득해야

▌'온고지신(溫故知新)'. 그림 : 이원복(제공: 월간중앙)

온고이지신(溫故而知新)이라는 말이 있다. 보통 "옛것을 익히고 그것을 미루어서 새것을 알다"라고 번역하지만, 그 속에 담긴 한자어의 세밀한 의미를 파악해 진정한 의미를 되새겨볼 필요가 있다. 우선 '옛것'을 말하는데 고(古)가 아닌 고(故)를 쓴 것이고, 그 다음은 온(溫)의 의미이고, 마지막은 신(新)이 가리키는 것이다.

먼저, 고(古)와 고(故)는 보통 같이 쓰이지만, 고(故)는 고(古)에 복(攵=攴)이 더해진 모습이다. 복(攴)이 손에 매를 든 모습이라 복(攴)이 들어간 글자는 대부분 '강제하다'는 뜻이 들어 있다. 그렇게 본다면 고(古)가 단순히 옛날을 뜻하는데 반해 고(故)는 옛날로 돌아가게 하다는 뜻을 담았다. 정치가 갖는 과거로의 회귀와 복고적 경향을 생각하면 될 것이다. 미래적이고 창의적인 것은 기존의 가치와 질서와는 다른 혁명성을, 개혁성을 포함하며 개인적으로는 모험과 위험을 내포하기 마련이다. 그래서 정치는 물론 개인조차도 자신의 기득권과 권위를 유지하기 위해 미래를 향한 개혁과 창의를 거부하고 과거로 돌아가고자 하는 복고적이고 보수적인 성향을 갖기 마련이다.

온(溫)은 '익히다'로 풀이하지만 사실은 '뜨겁게 데우다'는 뜻이다. 게다가 온(溫)은 수(水)와 온(昷)으로 구성되어, 그릇(皿)에 따뜻한 물(水) 한 잔 담아 죄수(囚)에게 준다는 '따뜻한' 마음까지 넣어 긍정성을 담았다. 물을 뜨겁게 데우면 분자 운동이 일어난다. 특히 일정 온도에 도달하면 속성에도 변화를 일으켜 액체에서 기체로 근본적 속성까지 변화시킨다. 신(新)은 손도끼(斤)로 나무를 쪼개는 모습을 그렸는데, 나무를 가공해 다른 '새로운' 물건을 만든다는 뜻이 담겼다. 나무로 만들었지만 전혀 다른 모습의 다른 용도의 새로운 물건이 탄생한다. 이것이 신(新)이 담은 의미이고 '새로움'의 상징이다.

이렇게 본다면 옛날로 복귀하고자 하는 속성을 물을 데우듯 분자운동을 일으켜 근본적으로 바꾸고, 그것을 기반으로 새로운 창의를 만들어 내 것, 그것이 온고지신(溫故知新)이 주는 진정한 메시지일 것이다. 과거보다는 미래를, 답습보다는 창의를, 보수보다는 혁신을 보면서 나아가는 것이 이 시대의 정신이자 역(易)이 주는 시대적 사명일 것이다.

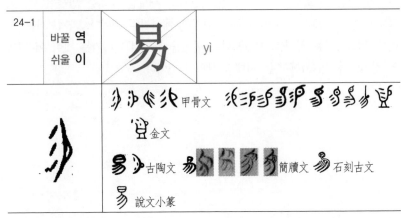

24-1	바꿀 **역** 쉬울 **이**	易 yì

모든 사물은 變化(변화)한다. "사물의 성질, 모양, 상태 따위가 바뀌어 달라짐"을 뜻하는 변화는 살아 있는 존재의 속성이기도 하다. 그래서 역으로 변화하지 않는 것은 죽은 것이다. 이러한 변화는 양적 변화와 질적 변화로 구분된다. 전자가 '진화'라고 한다면, 후자는 '혁명'이라는 할 수 있을 것이다.

무엇이 이런 변화를 일으킬까? '양적 변화에 의해 질적 변화가 일어난다.'라고 하지만 변화의 진정한 원인은 그 내부에 존재한다. 즉 사물의 고유한 본질을 이루는 모순이 그 원인으로서, 양적 변화 및 그것의 질적 변화로의 전화는 이러한 모순의 발현에 지나지 않다고 할 수 있다.(『철학사전』, 2009)

이러한 개념을 가진 변화, 그것을 한자에서는 易이라 한다. 易은 상용자임에도 그 어원이 불분명하여 다양한 의견이 제시되었다.

『설문해자』에서는 도마뱀을 그렸다고 했고, 곽말약은 그릇과 담긴 물을 그려 다른 그릇으로 옮기는 모습에서 '바꾸다'는 뜻이 나왔다고 했다. 또 어떤 이는 日(해 일)과 月(달 월)로 구성되어 해와 달이 바뀌듯, 그것이 항상 변화함의 대표라고 말한다고도 했다.

그러나 도마뱀이 환경에 따라 몸의 보호색을 쉽게 바꾸기 때문에 '변하다'는 뜻이 나온 것으로 추정하는 것이 일반적이다. 변하다고 할 때에는 變易(변역)에서처럼 '역'으로, 쉽다고 할 때에는 容易(용이)에서처럼 '이'로 구분해 읽는다.

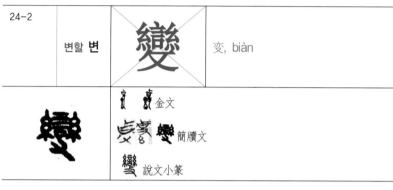

| 24-2 변할 **변** | 變 | 変, biàn |

說文小篆

變은 자형이 상당히 복잡한 글자이다. 그러나 자세히 살피면 攴(攵·칠복)이 의미부고 龻(어지러울 련)이 소리부로 된 구조이다. 강제하여(攴) '바꾸다'는 뜻인데, 말(言)은 항상성을 지닌 것이 아니라 언제나 변하여 믿을 수 없는 것임을 반영했다.

龻은 가운데의 言이 퉁소 류의 악기를 말하고 양쪽으로 붙은 糸(가는 실 멱)은 악기에 달린 술이나 장식을 말한다. 퉁소로 대표되는 言은 인간의 영혼과 관련되지 않은 '악기의 소리'의 소리이기 때문에, 한자에서 言에는 믿을 수 없고, 진정성이 결여된, 언제나 변하는 속성을 가져 매우 부정적인 의미 지향을 가지기 때문이다.(제1권 제2장 '言'의 풀이 참조)

易은 이후 변경하다, 변화하다, 事變(사변) 등의 뜻이 나왔다. 현대중국의 간화자에서는 소리부 龻을 亦(또 역)으로 간단하게 줄이고 攵을 又(또우)로 줄여 变으로 쓴다.

찾아
보기

가

나

다

라

마

하영삼(河永三)

경성대학교 중국학과 교수, 한국한자연구소
소장, 인문한국플러스(HK+)한자문명연구
사업단 단장. (사)세계한자학회 상임이사.
부산대를 졸업하고, 대만 정치대학에서 석·
박사 학위를 취득했으며, 한자 어원과 이에
반영된 문화 특징을 연구하고 있다.
저서에 『한자어원사전』, 『한자와 에크리튀
르』, 『한자야 미안해』(부수편, 어휘편), 『
연상 한자』, 『한자의 세계』 등이 있고, 역
서에 『중국 청동기시대』, 『허신과 설문해
자』, 『갑골학 일백 년』, 『한어문자학사』 등
이 있고, 『한국역대한자자전총서』(16책)
등을 주편했다.